밥상머리
교육

밥상머리 교육

초판 1쇄 인쇄일 2020년 8월 21일
초판 1쇄 발행일 2020년 9월 5일

지은이 김영극
펴낸이 양옥매
디자인 임흥순 임진형
교 정 조준경

펴낸곳 도서출판 책과나무
출판등록 제2012-000376
주소 서울특별시 마포구 방울내로 79 이노빌딩 302호
대표전화 02.372.1537 **팩스** 02.372.1538
이메일 booknamu2007@naver.com
홈페이지 www.booknamu.com
ISBN 979-11-5776-937-7 (03370)

이 도서의 국립중앙도서관 출판예정도서목록(CIP)은
서지정보유통지원시스템 홈페이지(http://seoji.nl.go.kr)와
국가자료종합목록시스템(http://www.nl.go.kr/kolisnet)에서 이용하실 수 있습니다.
(CIP제어번호: CIP2020034077)

밥상머리
교육

김영극 지음

책과나무

"농사 중에 최고의 농사는 자식 농사라." 옛날부터 내려오는 말씀입니다. 그렇습니다. 돈도, 명예도 자식 농사만 하겠습니까? 자식들 제 할 일을 열심히 하며 건강하고 즐겁게 살아가는 모습을 보고 있으면 저절로 행복감을 느낍니다.

이와 같이 자식 농사를 잘 짓기 위해서는 그냥 가만히 있어서 될 일이 아니잖아요? 태아에서부터 정성과 사랑으로 계획대로 꾸준히 노력한 보람으로 자식 농사가 잘되겠지요.

그런데 요즘 뉴스를 들어 보면 범죄자가 점점 늘어 뉴스 시간을 얼룩지게 만들고 있습니다.

차관은 건설업자로부터 성 상납을 받고, 강원도 경치 좋은 곳에 별장을 지어 놓고 밤을 새워 젊은 여성에게 성폭행을 하여 폭행당한 여성이 폭로함으로써 세상에 알려지고 검찰 수사를 받게 되었다는 뉴스.

어느 도지사는 여비서를 유인하여 호텔로 끌어내어 성폭행한 사실이 여비서의 1인 시위에 의하여 세상에 알려져서 경찰 수사 및 재판을 통해 징역 2년형을 선고받아 평생 쌓아 올린 명예로운 도지사직을 떠나야 하는 안타까운 뉴스.

위의 차관과 도지사쯤 되면 모두 학창 시절에 거의 천재적으로 성적이 뛰어나 승승장구하여 가정과 사회의 온갖 칭찬을 받으며 젊은 시절을 화려하게 보내고, 부지런히 노력하여 차관 또는 도지사까지 올라왔을 텐데 그 능력과 노력이 참으로 아깝습니다.

어찌하여 어여쁜 여성들을 성폭행으로 망가뜨리고 사회에 큰 문제를 일으켜 명예와 가정을 망가뜨린 걸까요? 필자의 생각에는 분명 성에 대한 가치관이 잘못된 탓으로 생각됩니다.

한 남자와 한 여자가 서로를 좋아하고 사랑하여 이루어지는 것이 사랑이고, 사랑이 깊어져서 떨어질 수 없이 사랑스러울 때 결혼하여 자식을 낳고 기르면서 가정에 충실해야 하는 것이 인간의 도리이거늘 성에 대한 한순간의 잘못된 판단으로 몸도 버리고 명예도 잃고 가정 파탄에까지 이르렀으니 그 누구를 원망하며, 그 누구에게 한탄할 것인가요.

그런가 하면 제주도에 사는 한 여인이 이혼한 남편을 살인하고 의붓자식을 살해하여 무기징역을 선고받은 뉴스가 보도된 것이 바로 오늘의 뉴스이고, 나이트클럽 종업원들이 성매매를 하다가 경찰 수사를 받고 감옥으로 두 손 매고 끌려가는 모습과 재벌 3세들이 마약 등을 밀수하려다가 세관에 발각되어 검찰 수사망에 걸려들어 수사 중이라는 범죄자의 뉴스가 매일같이 보도되고 있습니다.

그러니 이래서는 도저히 안 되겠다고 생각하기에 이르렀습니다.

필자가 고등학교 교사로 있을 때 통계를 보면, 교칙을 어기어 벌칙을 받으러 학생부에 드나드는 교칙 위반자들은 한 학급에서 약 15%의 불량학생들로, 온갖 잘못을 저지릅니다. 학교의 구석진 곳이나 아파트의 음침한 놀이터에서 밤새도록 담배를 피우며 놀면서, 음료수 빈 캔을 아무 데나 버린 흔적이 출근길에 많이 보이고 있습니다.

탄천 시냇가의 벤치에서는 여름철 저녁이 되면 남녀 불량배들이 모여 앉아 소주를 마시고, 고성방가를 일삼아 시끄럽고, 도란도란 애정 행위까지 일삼는 불량배들의 차마 보기에 부끄러운 장면이 매일같이 펼쳐지는 현실을 보면서, 필자는 밥상머리 교육으로 가정교육을 시키는 이스라엘을 생각하게 되었습니다.

통계를 보니, 노벨 수상자 가운데 유대 민족이 가장 많이 나온 이유 중에 가장 큰 이유가 밥상머리 교육이라 밝혀졌습니다.

더욱 필자는 가정교육에 문제가 있음을 생각하여 불량배들이

밥상머리 교육

모두 가정에 돌아가면 귀여운 자식들일 텐데, 별거와 폭행을 일삼는 부모, 자식에 대한 부모의 방임 등으로 불량배들이 생겨나는 것으로 보아 이러한 불량배들이 나오지 않도록 밥상머리 교육을 시켜야 할 필요가 있다고 생각됩니다.

그러므로 필자는 어떻게 하면 예의 바르고 올바른 민주시민으로 가르칠 것인가에 초점을 맞추어 태교에서부터 대학에 이르기까지의 학교 교육과, 입사하고 결혼하여 자식을 낳아 기르기까지 어떻게 자식을 가르쳐야 좋을지에 관해서 말씀을 드리고자 합니다.

교육적인 이야기인 만큼 재미가 없을 수도 있겠지만, 자식 농사의 중요한 이야기로 생각하시고 읽어 주시면 필자로서 대단히 감사하겠습니다.

밥상머리 교육 가족 여러분, 요새 코로나 전염병으로 답답하실 것으로 생각되오니 자식 농사 이야기가 담긴 이 책을 읽으시며 어려운 일이나 괴로운 일들을 극복해 내고 즐거운 마음으로 지내시기 바랍니다.

2020. 8.

김영극 올림

———

밥상머리 교육의 목표는 민주시민의 양성입니다.

그리하여 민주시민은 가정과 나라를 위해 열심히 노력하며,

건강하고 즐겁게 더불어 살아가간다고 볼 때 나라가 없이는

모든 교육이 무의미하기 때문에 대한민국을 상징하는 무궁화 글을

서두에 사용한 데는 애국적 민주시민의 의미가 있습니다.

| 차례 |

머리말 _4

• 무궁화 1편 〈태교에 대하여〉_13

• 무궁화 2편 〈유치원에 대하여〉_29

• 무궁화 3편 〈초등학교에 대하여〉_35

• 무궁화 4편 〈중학교에 대하여〉_41

• 무궁화 5편 〈고등학교에 대하여〉_47

• 무궁화 6편 〈대학교에 대하여〉_53

• 무궁화 7편 〈百忍堂中有泰和하면 一醮終身 할 수 있다〉_63

· 무궁화 8편 〈孝는 百行之根本〉_67

· 무궁화 9편 〈배달의 공동체〉_81

· 무궁화 10편 〈일본을 이겨야 하는 이유〉_95

· 무궁화 11편 〈김구 선생의 公과 私〉_107

· 무궁화 12편 〈성적 타락시대에 대하여〉_113

· 무궁화 13편 〈장자 이야기〉_119

· 무궁화 14편 〈밥상머리 교육으로 노벨상 지름길?〉_125

· 무궁화 15편 〈밥상머리 교육의 총정리〉_133

맺음말 _141

태교에 대하여

태교는 인간을 정신적이고

훌륭한 인물로 기르고 가르치는 데 중요한

생애 최초의 교육이란 측면에서 아주 중요합니다

태교에서부터 대학 교육을 지나 직장을 잡아

결혼하여 독립할 때까지

밥상머리 교육은 계속되어야 합니다

　태교에 대한 전문가나 경험이 있는 사람들이 이구동성으로
하는 말이 있습니다. 10년 학교 교육보다 10개월 태교가 더욱
효과가 있고 중요하다는 것입니다. 단적으로 말한 이 한마디
가 태교가 얼마나 중요한지 그리고 얼마나 효과가 있는지를 알
려 주고 있습니다.

　태교를 정성과 사랑으로 열심히 해서 자식을 길러 본 사람들
은 한결같이 건강하게 자라는 자식의 모습을 보고 태교의 신기
함마저 느낀다고 합니다.

　이렇게 자식들의 교육에 중요한 태교가 언제 누구에게서부
터 시작되었을까요?

　필자가 역사적으로 알고 있는 바에 의하면, 지금으로부터

1500여 년 전 중국 주나라를 세운 무왕의 아버지 문왕과 무왕의 어머니 태임에 의하여 시작된 것으로 역사 기록에 전하고 있습니다.

우선 결론부터 말씀드리면 태임의 정성과 사랑의 태교로 자란 첫째 아들 자공은 주나라에서 가장 학문이 높고 깊었던 최고의 학자였다고 하며, 그 이후 춘추전국시대 노나라에서 태어난 공자의 학문적 스승이 되었다고 합니다. 그만큼 자공은 높은 학문의 경지를 개척한 인물로 알려지고 있습니다.

또, 태임의 정성과 사랑으로 태교를 열심히 하여 낳은 둘째 아들 무왕은 아시다시피 중국 역사에 요순시대 다음으로 태평성대를 누렸던 주나라를 세웠으니, 이보다 더 훌륭한 자식이 어디 있겠습니까.

그리하여 후세 중국 사람들은 최고의 학자 자공과 훌륭한 왕 무왕과 같은 훌륭한 자식을 가르치려면, 태임이 했던 태교에서부터 교육을 시작해야 한다고 자랑처럼 이야기한다고 합니다.

이제 태임이 그의 사직 자공과 무왕에게 정성과 사랑으로 태교를 했던 그 역사적 배경을 말씀드려 보겠습니다.

중국 역사에 가장 태평성대를 누렸던 시대가 요순시대라는 것은 여러분도 모두 알고 있는 사실입니다. 그런데 모든 것은 시작이 있으면 끝도 있는 법입니다. 마치 알파가 있으면 오메가가 있는 것처럼 끝이 있다는 것이지요.

요순시대도 순임금 때에 태평성대가 무너지게 되었는데, 그 원인이 9년 동안의 홍수에 못 이겨 9년 흉년을 당하니 어찌할 도리가 없었다고 합니다.

그런데 또 한 가지 문제는 나라가 위태롭게 되었을 때, 후계자를 정하지 못하여 큰 걱정이었다는 점입니다. 그리하여 조정에서 회의를 열어 후계자를 정한 결과, 장안에서 가장 덕망이 높은 허유 대감을 후대 왕으로 추대하는 데 만장일치로 찬성하였습니다.

신하 세 사람이 허유 대감을 찾아 이 사실을 말하고 왕위에 오를 것을 말씀드렸더니, 뜻밖에도 허유 대감은 이렇게 말했습니다.

"아이고 나리님, 미천한 제가 어떻게 왕위에 오를 수 있습니까? 저는 아직 왕위에 오를 만한 사람이 못됩니다."

허유 대감은 평소에 정치나 권력에 큰 욕심이 없이 그저 학문을 가까이하면서 자연을 벗 삼아 살겠다는 결심이 분명했던 분이었습니다

왕위를 추대받던 그날, 곧바로 못 들을 말을 들었다고 말하고는 그 길로 그 지역에서 가장 맑은 계곡물이 흐르는 아름다

운 기산 속으로 들어가 나의 귀가 더러워졌다며 기산계곡의 맑은 물에 더러운 귀를 깨끗이 씻었다고 합니다. 그 후 허유 대감은 기산 속에서 자연과 더불어 평생 책을 읽으며 살았다고 합니다.

허유 대감이 왕위를 사양하매, 또 조정은 회의를 하여 두 번째 왕위를 물려받을 사람을 추대했는데, 그이가 바로 장안에서 청빈하게 살아가기로 소문난 소부 대감이었습니다.

그리하여 또다시 세 명의 신하가 소부 대감 집으로 찾아가이 사실을 말씀드렸더니, 이게 웬일입니까? 소부대감께서도 허유대감과 마찬가지로,

"아이고 나리, 초라하게 살고 있는 미천한 제가 어떻게 왕위에 오를 수 있습니까? 저는 아직도 공부하는 학생에 불과합니다."

라고 말하며 극구 사양을 하였습니다. 그러고는 허유 대감처럼 못 들을 말을 들었다고 말하고는 그 길로 허유의 뒤를 따라 자기 집의 재산 목록 1호였던 큰 소 한 마리를 끌고 아름다운 기산에서 자연과 함께 살겠다고 결심하였습니다.

그렇게 기산의 계곡으로 들어섰을 때, 끌고 왔던 소가 목이말라 계곡의 물을 먹으려고 하자, 소부는 이렇게 말합니다.

"요놈아, 이 물은 먼저 온 허유 대감이 더러운 귀를 씻은 물

이니 먹으면 너도 더러워지고, 나 또한 더러워진다."

그러하기 때문에 물을 먹으면 안 된다고 하며 목말랐던 소에게 물을 먹지 못하게 했다고 합니다. 그 후 허유와 소부는 둘이 만나 아름다운 기산 계곡에서 책이나 읽으면서 한평생 자연 속에서 살다가 세상 사람들 아무도 모르게 저세상으로 떠났다고 전해지고 있습니다.

그럼 9년의 홍수와 흉년은 어떻게 되었을까요?

이와 같이 위기가 닥쳐오면 반드시 위인이 나온다고 하듯이 9년 동안의 홍수로 인한 흉년을 막아 낸 사람이 나타났으니, 그이가 바로 우왕입니다.

우왕은 9년 홍수를 어떻게 막아야 하는지에 대한 질문에 물을 잘 다스리면 된다고 대답하고는 백성들과 댐을 쌓고 막아서 비가 오면 물을 가두고, 또한 산에 나무를 많이 심어 흐르는 물을 조절하여 홍수를 막아 낼 수 있었다고 합니다.

이 우왕이 막아 낸 홍수를 일컬어 후세 사람들은 治山治水(치산치수)로 9년 홍수를 막아 낸 왕으로 우왕을 추대하였습니다.

그렇게 요순시대를 마감하고 새 나라 夏(하)나라를 건국했고, 그리하여 우왕 시대의 하나라에 또다시 태평성대가 찾아왔다고 전해지고 있습니다. 이 하나라의 우왕 시대가 우리 역사로 따지면 단군왕검의 단군조선시대에 해당된다고 합니다.

밥상머리 교육

그런데 9년의 홍수를 막아 내고 태평성대의 역사를 세운 하나라의 우왕 아들 대까지는 태평성대를 누렸는데, 우왕의 손자 태강왕이 그만 백성을 다스리는 데에는 멀리하고 오직 취미였던 사냥만 일삼다가 왕위를 빼앗김으로써 온 나라가 혼란의 시대로 접어들었다고 합니다.

우왕의 손자 태강왕이 마차 30대에 고기와 먹을 것을 가득 싣고 20여 명의 신하와 30명의 궁녀를 데리고 아름다운 기산에서 100일 동안 사냥을 나갔습니다.

때마침 그 밑에 있던 유궁씨의 수령 후예가 쿠데타를 일으켜 왕위에 오르니, 사냥하던 태강왕은 입궐도 못 하고 기산 속에서 사냥이나 하면서 살다가 세상을 떠났다고 전해집니다.

그 몇 대의 왕을 거치면서 태평성대를 누리지 못하다가 설상가상 백성을 다스리는 데에 멀리했던 걸왕이 등극하면서 나라의 운명이 기울기 시작했다고 합니다.

걸왕은 밑에 있는 신하와 여흥을 즐기면서 술잔을 기울이다가, 술 시중을 드는 아름다운 여인을 궁궐로 들여 왕비로 삼았습니다. 외모는 아름다운데 항상 침울한 얼굴을 하고 있는 왕비는 100일이 지나도록 한 번도 웃음소리를 낸 적이 없어, 걸왕은 걱정이었습니다.

그러던 어느 날 아침, 왕비 침실 앞을 지나다가 왕비의 웃음

소리가 들려 너무나 반가워 문을 열고 확인해 보니, 왕비 옆에 앉아 있는 궁녀가 비단을 계속 찢고 있는 게 아니겠어요?

조금 전에 왕비의 웃음소리가 너무나 반가워 웬일인가 하여 궁녀에게 물으니, 궁녀가 비단을 찢자마자 그 비단 찢는 소리에 왕비께서 즐겁게 웃으셨다고 대답하였습니다.

그 뒤로 걸왕은 왕비의 웃음소리를 듣고자 계속 궁녀로 하여금 비단을 찢게 하였으니, 나라의 백성들의 생활이 어떠했겠습니까?

그럼에도 불구하고 걸왕은 또 어느 날 궁전 앞에 나와 앞 언덕을 보니 오늘따라 이 언덕이 아름답지 않게 보였습니다. 이때 걸왕은 신하들을 긴급 소집하여 일주일 시간을 줄 테니 이 언덕을 파서 연못을 만들라는 명령을 내렸습니다.

그러자 신하들은 낮이나 밤이나 괭이와 삽을 들고 궁궐의 언덕을 파서 연못으로 만들기 시작하여 드디어 일주일 만에 연못을 만들었습니다.

그랬더니 걸왕은 또다시 신하들에게 일주일 안에 이 연못을 술로 가득 채우라는 명령을 내렸습니다. 신하들은 '폐하가 미쳤다.'라고 중얼대면서 어쩔 수 없이 죽지 않으려고 온 나라의 술이란 술을 모두 모아서 연못을 가득 채웠습니다.

그러자 걸왕은 또다시 신하들에게 명령을 내렸습니다. 술로

밥상머리 교육

가득 찬 이 연못에 배를 띄우고 연못 둘레에 궁녀들은 모두 앉히라고 명령을 내리니, 또 신하들은 정말 미쳤다고 중얼거리며 또다시 죽지 않으려고 배를 띄우고 궁녀를 연못 둘레에 앉게 했습니다.

그랬더니 걸왕은 미친 듯이 배를 타고 술을 술잔에 담아 연못 둘레에 앉아 있는 궁녀들과 술잔을 기울이며 즐기는 것이었습니다.

이 광경을 지켜보고 있던 왕비 말희는 이러한 걸왕에게 오늘 연못에서 술잔을 기울이며 놀았던 이야기를 들려주며,

"이제부터라도 술을 멀리하고 백성을 다스리는 데에 신경을 써야 합니다."

라고 공손히 말했습니다.

이 말을 걸왕은 들었는지 못 들었는지 술주정꾼이 술 취한 모습으로 변하여 오히려 왕비에게 폭력을 가하며 백성을 다스리는 데에 멀리하니, 백성들은 도탄에 빠져 비참한 생활을 하게 되면서 왕에 대한 원망의 소리가 온 나라는 진동하는 듯했다고 합니다.

이와 같이 걸왕은 폭군으로 역사에 전해지고 있으며, 도탄에 빠진 백성들을 위하여 또 다른 훌륭한 성군이 나타나게 되는데, 그 왕은 매일같이 목욕을 했다고 하여 탕왕(湯王)이라고

합니다.

실제로 탕왕은 저녁 식사 후, 자기 전에 꼭 목욕을 했었다고 합니다. 그때에 목욕통 앞에 '日新又日新(일신우일신)'이라 새겨 놓고 목욕을 할 때마다 하루의 일을 반성하면서 마음의 때를 벗겼다고 합니다. 그러하니 성군이 될 수밖에 없었습니다.

이러한 훌륭한 성군이 세운 은나라도 몇 대의 왕을 지나 훌륭했던 목왕이 있었는가 하면, 또다시 주(紂)왕과 같은 방탕했던 왕이 또 등장합니다.

이때의 왕비는 달기라는 여성이었습니다. 이 여성도 외모는 아름다웠으나 마음씨가 특이하게 나빠서 죄수들을 판결한다고 하면서, 숯불을 발갛게 피운 감옥 위에 둥근 나무를 걸쳐 놓고 기름을 발라 미끄러지도록 한 다음, 죄인들을 그 위로 걸어서 건너게 했다고 합니다.

그래서 죄인들이 건너가다가 기름칠한 나무 기둥에 미끄러져 그 아래 숯불로 떨어지면 죄가 있는 것이고, 무사히 건너가면 죄가 없는 것으로 판결을 했던 폭력적인 왕비가 바로 달기였다고 합니다.

이와 같이 은나라의 마지막 왕 주(紂)왕이 왕비 달기와 방탕한 생활을 일삼자, 백성들 사이에서 주왕을 받들고 있는 무왕이 왕위에 올라 도탄에 빠진 백성을 구출해 달라고 노래까지 부르게 되었다고 합니다.

이때 무왕의 부친 문왕이 어느 날 아침 잠자리에서 일어나 방문을 열고 마루로 나오려 하는데, 어디에선가 큰 붉은 새가 붉은 글씨를 쓴 종이를 입에 물고 문왕 앞에 떨어뜨리고 날아가는 게 아니겠어요? 그 징조가 너무나 이상스러워 종이를 확인해 보니, 다음과 같은 글귀가 쓰여 있었습니다.

"게으른 사람은 망하고 부지런한 사람은 흥한다."

문왕은 그 뜻을 몰라 왕비 태임에게 물어봐도 무슨 뜻인지 알 수가 없어 어쩔 수 없이 스승 강태공을 찾아가서 묻기로 합니다. 지금도 세월을 낚으며 낚시를 하고 있을 강태공을 찾아가 질문을 하니, 그 높은 학식으로 해설하여 이같이 말했습니다.

"지금 게으른 사람이 누구인가? 주(紂)왕이 아닌가? 그러니 주왕이 망한다는 뜻이네. 그리고 지금 부지런한 사람은 누구인가? 바로 당신의 아들 무왕이 아닌가? 그러니 무왕이 흥한다는 뜻일세."

"스승님, 그러하시면 어떻게 해야 할까요?"

문왕이 다시 물었습니다.

"생각할 것 없이 곧바로 아들 무왕으로 하여금 10만 대군을 일으켜 혁명을 일으킬 준비를 해야지."

강태공 스승이 해석하여 말씀하시니, 문왕은 스승의 말에 따라 아들 무왕으로 하여금 10만 대군을 일으켜 스승 강태공을 책사로 삼아 혁명군을 이끌고 장안 궁궐로 쳐들어갔습니다.

다 쓰러져 가는 주(紂)왕을 끝까지 지키고자 했던 백이와 숙제라는 두 신하가 혁명군 앞에 나와 울부짖으며 발길을 되돌려 해산할 것을 당부했습니다.

그러나 비참하게 죽어 가는 백성들을 구출해 내는 것이 더욱 중요한 일이고, 민심이 곧 천심이라는 강태공의 말에 혁명군은 계속 진군하였습니다.

그리하여 드디어 궁궐을 점령하고 주(紂)왕과 달기를 몰아내고 새 나라 주(周)나라를 건설하여 무왕이 다스리는 태평성대가 돌아오게 되었습니다.

이 새 나라를 세운 인물로는 훌륭한 무왕과 함께 그의 형 자공을 꼽을 수 있습니다.

형 자공은 평소에 학문을 좋아하고 자연을 좋아하여 자연을 벗 삼아 학문에 매진했는데, 그의 학문이 주(周)나라에서 가장 높은 수준이었다고 합니다.

그리하여 그 이후 춘추전국시대 노나라에서 태어난 공자가 학문을 연구할 때 주나라의 자공의 학문을 높이 받들어 스승으로 삼아 자공의 학문을 이어받았다고 합니다.

이렇게 훌륭한 학자 자공과 새 나라를 건국한 무왕을 기르고 가르친 분이 아버지인 문왕과 어머니인 태임입니다.

　자공과 무왕의 어머니였던 태임이 예부터 전해 오는 태교를 온 정성과 사랑하는 마음으로 했던 사실이 역사에 기록으로 남아 있다고 합니다. 그 이야기에 의하면 태교는 서당에서 10년 배우는 것보다, 태교 10개월이 더욱 소중하고 아기에게 큰 효과가 있다고 합니다.

　이와 같이 태임에 의하여 실시된 태교가 주나라의 대학자 자공을 만들었으며, 태평성대의 주나라를 건국한 무왕을 낳았으니, 후세 사람들도 자공의 학문과 문왕의 성군은 모두 어머니의 태교에서 비롯되었다고 전하고 있습니다.

　이렇게 시작된 태교가 우리나라에까지 전해져서 임진왜란 전에 강릉의 오죽헌에서 살았던 신사임당도 임신했을 때, 중국의 역사를 연구하던 중 태임의 정성 어린 태교가 훌륭한 학자 자공과 훌륭한 왕인 무왕을 길렀다는 사실을 접하였습니다.

　신사임당은 율곡 선생을 임신 했을 때 태임을 스승으로 삼고자, 자신의 이름을 스승사의 '사'자와 태임의 줄임말인 '임'자를 넣어 '신사임당'이라고 지었습니다.

　그리고 무왕의 어머니가 태교를 정성과 사랑으로 태교를 했듯이 신사임당도 정성과 사랑으로 몸가짐을 단정히 하고, 행동도 바르게 하며, 식사할 때에도 태아를 생각하여 골고루 음식을 먹어서 태아에 영양을 충분하게 공급할 수 있도록 했다고 합니다.

또한 아름다운 것만 보고, 아름다운 생각을 하며, 아름다운 소리만 듣고, 아름다운 노래와 음악을 들려주고, 아름답고 재미있는 이야기를 해 주었습니다.

이렇게 태아에게 최선을 다하여 태교에 힘써 노력한 결과 훌륭한 율곡 선생을 낳게 되었고, 자식 교육에 최선을 다하여 기르고 가르쳤다고 전해지고 있습니다.

이러한 태교의 전통이 조선 후기에 뜻있는 여성들에 의하여 전해지다가 1700년대에 용인에 살고 있던 이사주당 여성에 의하여 그의 남편과 함께 태교를 열심히 한 결과, 이씨 가문에 훌륭한 인물이 등장하여 명문 가문으로서 그 전통을 이어 가고 있다고 합니다. 2020년 지금도 용인시에 가 보면 이사주당 태교를 연구하고 가르치며 공부하는 여성 모임이 있다는 내용의 방송이 방영된 적이 있습니다.

이와 같이 태교가 우리나라와 중국 등 동양에서 오래전부터 교육되어 왔습니다만, 서양에서는 19세기에 의사이자 심리학자인 프로이트에 의하여 태교가 연구되어 기록한 책 『정신분석학』이 출간되면서 많은 사람들에게 읽혀 태교가 세계에 보편화되었다고 합니다.

밥상머리 교육

이때 태교를 전파하는 가장 빠른 방법은 소설로, 많은 사람들이 쉽고 재미있게 접할 수 있습니다.

아일랜드의 소설가 제임스 조이스가 최초의 심리소설 『율리시스』를 써 냄으로써 세계에 심리학과 태교에 대하여 널리 보편화시켰으며, 우리나라에서는 소설가 이상이 『날개』를 지어 최초의 심리소설이 등장하면서 심리학이 연구되고 태교의 중요성을 인식하면서 태교가 보편화되었습니다.

확실한 것은 태교는 인간을 정신적이고 훌륭한 인물로 기르고 가르치는 데 중요한 생애 최초의 교육이란 측면에서 아주 중요하다고 말씀드릴 수 있습니다.

이와 같이 태교에서부터 대학 교육을 지나 직장을 잡아 결혼하여 독립할 때까지 밥상머리 교육은 계속되어야 합니다. 결혼을 하여 독립하게 되면 스스로의 가정을 이루어 부부가 서로를 존중하고, 사랑으로 서로를 위해 노력해야 합니다.

만약 어려운 문제가 생기더라도 서로 힘을 모아 百忍堂中 有泰和(백인당중 유태화: 백번 참는 집안에 큰 평화가 있다)를 생각하면서 서로 양보하고 격려하면서 一醮終身(일초종신: 한 번 혼인을 하면 몸이 다할 때까지 같이한다)까지 생각하면서 결혼 60주년을 맞이하여 회혼식까지 한다면, 과연 그 결혼 생활은 행복했던 결혼 생활로 후손들이 본받을 만한 가정이라고 생각합니다.

그러하기 때문에 밥상머리 교육 가족 여러분께서는 항상 저녁 식사를 함께하면서 즐거운 대화로 자식에 대한 유익한 가르침이 있어야 자식 농사가 잘될 것입니다.

현재 우리나라 2,000만 정도의 가정마다 저녁 식사를 가족과 함께하면서 밥상머리 교육이 이루어질 때, 우리나라도 노벨 수상자가 나오기 시작할 것이라고 예상됩니다.

그리고 더욱 나아가서 2032년에는 올림픽을 유치하여 서울과 평양에서 올림픽의 함성을 울리면서 행복함을 만끽하고, 2040년경에는 월드컵 축구까지 유치하여 경제 대국 배달민국이 잘사는 선진국으로 우뚝 설 수 있도록 밥상머리 교육이 잘 이루어지길 필자는 두 손 모아 하나님께 기도드리겠습니다.

유치원에 대하여

예절 교육, 법질서 교육, 체력 단련 운동,

그리고 지적 수준에 따라 영어 학습이나 천자문 암기 등을

가르치면 효과가 크게 나타납니다

여러 친구들과 자기의 생각을 잘 말할 수 있는 습관을

가르치는 것도 아주 훌륭한 방법입니다

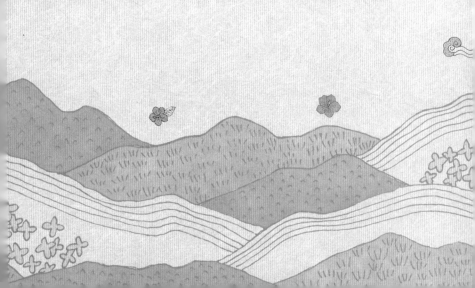

　세 살 버릇 여든까지 간다는 말이 있습니다. 그만큼 유치원 시기에는 올바른 생활습관 형성이 가장 중요합니다.

　예절 교육, 법질서 교육, 체력 단련 운동, 영어 학습, 그리고 지적 수준에 따라 한석봉 천자문 학습과 암기 등을 가르치면 효과가 아주 크게 나타납니다.

　예절 교육은 가장 먼저 서서 인사하기, 어른이나 손님이 오셨을 때 큰 소리로 인사말과 함께 배꼽인사를 정중하게 하는 습관을 들이는 것에서부터 시작됩니다.

　그리고 거실이나 방 안에서 할아버지·할머니께 큰절로 인사하는 것이 중요한데요. 큰절은 자세를 가장 많이 땅에 엎드려 낮추어 어른에 대한 존경과 복종의 의미를 담고 있기 때문입니

　　　　　　　　　　　　　　밥상머리 교육

다. 즉, '어른의 말씀을 잘 듣고 존경하며 따르겠습니다.'라는 의미가 들어 있습니다. 이때 남자와 여자의 절하는 방법이 약간 다르니, 그에 대한 교육도 필요하겠습니다.

특히 할아버지·할머니께 인사할 때 인사말에 주의해야 합니다. 가령 "할아버지·할머니는 왜 이렇게 늙으셨어요?"와 같이 늙고 아픈 모습을 인사말로 하여 기분을 상하게 하는 인사를 하지 않도록 주의해야 합니다.

친구 사이에 반갑게 하는 "안녕?" 하면서 손을 흔들어 반가움을 표현하는 인사도 보는 이로 하여금 보기 좋은 인사 방법입니다.

항상 웃으며 인사하는 버릇을 기르면 복이 들어온다는 말도 있습니다. 항상 웃는 얼굴은 보기만 하여도 아름답고, 보는 것만으로도 행복해집니다.

그다음은 교통질서입니다. 차도와 인도에서 우측통행을 할 수 있도록 가르치며 길가에서 침이나 휴지 등을 함부로 버리지 않기, 음료수나 먹을 것을 먹고 마신 후 빈 통을 아무 곳에 버리지 말고 꼭 휴지통에 버리는 것과 같은 기초적인 습관을 길러야 합니다.

그리고 항상 남의 물건에 손을 대거나 남에게 피해를 주는 행동을 하지 않도록 가르쳐야 합니다.

가정에서는 자기 방 정리하기와 옷 입고 정리하기, 화분에 물 주기, 아버지·어머니의 구두를 닦고 용돈 타기 등도 가르치면 자라면서 준법성이 생겨서 법질서를 잘 지키게 됩니다.

법질서를 가르치는 데 있어서 핵심은 공공장소에서 질서를 지키고 남에게 피해가 되지 않도록 가르치는 것입니다.

체력 단련을 위해서 한 가지 운동을 평생 운동으로 할 수 있도록 운동 하나를 선택하여 규칙적으로 매일같이 운동을 하면 100세 시대에 체력 단련으로 건강한 생활을 할 수 있습니다.

체력 단련을 위해 여러 가지 운동이 있겠지만, 그중에서 필자가 가장 권장하는 운동은 태권도입니다.

고등학교까지 계속 운동하면서 공인 승단 대회에 참가하여 3단 이상 유단자가 된다면 각종 운동의 순발력 운동에도 도움이 될 것이고, 학습에 자신이 없을 때 직업으로도 활용할 수 있어서 살아가는 데 아주 도움이 많이 되는 운동이 바로 태권도이기 때문입니다.

현재 우리나라에서는 강신철 9단 사범이 가장 태권도의 수준 높은 기술을 가지고 있다고 TV에 방영된 적이 있습니다.

강 사범은 2m 높이를 앞발차기, 뒤돌려 차기 등으로 능수능란하게 수준 높은 기술을 가지고 있을 뿐만 아니라 이란에 가서 태권도 보급에 노력하여 이란에서 태권도의 신으로 알려져 있습니다. 이란의 중·고등학교에서는 체육시간에 태권도를 필수 종목으로 삼아 운동한다고 합니다.

그뿐만 아니라 세계 여러 나라의 대도시에는 태권도장 한두 개는 모두 있는 현실입니다. 우리나라의 경우는 각 고장과 마을에 거의 한두 개의 태권도장이 있는 실정입니다. 그러하기 때문에 직업으로 삼기에도 탁월한 운동으로 생각되어 권장하는 것입니다.

그다음으로 국제 언어인 영어 교육은 나이가 어릴수록 학습 효과가 크게 나타난다고 합니다. 영어를 집중적으로 가르치는 유치원이 있으니 관심이 있는 가정에서는 영어를 정확하게 가르치면 큰 효과가 있습니다.

그리고 만일 지적 수준이 높은 편이라면 한석봉 천자문 암기를 권장합니다. 우리말의 73%가 한자어이기 때문에, 우리나라에서 가장 한자를 잘 썼던 한석봉(한호)의 천자문을 익히고 암기할 수 있으면 거의 천재적인 어린이가 될 수 있습니다.

조선 시대에 매월당 김시습은 5살의 나이에 천자문을 암기하여 충남 서천 지역에서 신동으로 자랐다고 합니다. 김시습은 우리나라 최초로 한문으로 소설을 썼는데,『금오신화』가 바로 우리나라 최초의 한문 소설입니다.

더구나 법률 용어와 행정 용어의 80% 정도가 한자어이기 때문에 나중에 판사, 검사, 행정가 직업이나 각종 작가와 교사들의 직업을 가질 때 큰 효과가 있습니다.

천자문의 암기 방법은 한석봉 천자문 책 두 권을 준비한 후, 한 권은 음과 훈을 모두 지우고, 지우지 않은 다른 한 권으로 연습을 하고 지운 책으로 스스로 시험을 보는 것입니다. 그리고 한 장 또는 두 장을 암기할 때마다 용돈을 주어 재미있게 암기하는 방법이 있습니다. 만약 거꾸로까지 암기할 수 있다면 완전한 학습 방법으로 금상첨화라고 할 수 있습니다.

그리고 사회성을 기르기 위해서는 친구와 사이좋게 지낼 수 있도록 생일날에 친구를 초대하여 즐겁게 놀 수 있는 시간을 만들어 주는 방법도 있습니다. 여러 친구들과 자기의 생각을 잘 말할 수 있는 습관을 가르치는 것도 아주 훌륭한 방법입니다.

남들과 잘 사귀며 맛있는 음식도 서로 나누어 먹고, 사이좋게 살아가는 원만한 성격과 넉살과 남에게 자기표현을 잘할 수 있는 어린이로 가르치면, 나중에 성장하였을 때 지도자로서의 충분한 역할을 할 수 있을 것입니다.

초등학교에 대하여

세계적으로 부자가 많고, 유능하며,

노벨 수상자가 가장 많이 나오는 유대 민족의 특징이

바로 밥상머리 교육입니다

새로운 것에 도전하고 창의력이 뛰어난 것도

매일 저녁 가족이 함께 식사하면서

대화로써 가르친 덕분입니다

초등학생 시기는 인생에 있어서 기초 지식을 학습하는 시기입니다. 따라서 학습하는 바른 습관을 기르고, 기초 체력을 단련해야 합니다.

학교에 등교할 때나 하교할 때 교통에 안전해야 하고, 길 가면서 먹고 마시는 것은 나쁜 습관입니다.

1학년에서부터 6학년까지 학년별로 학습 내용에 따라 스스로 자기 주도 학습을 하도록 하면 자립정신이 빨리 길러집니다.

가정에서는 부모님 말씀을 잘 들으면 자다가도 떡 하나 더 생긴다는 말처럼, 어른의 말씀을 잘 듣고 실천하여 예절을 잘 지키는 어린이로 가르치면 됩니다.

체력 단련은 태권도가 순발력이 뛰어나 권장할 만하며, 여유 있는 대로 영어 학습을 한다면 큰 효과가 있습니다. 여가를 활용하여 한석봉 천자문까지 익히고 암기 한다면 금상첨화라 차후에 큰 효과가 있게 됩니다.

4학년 이상에서는 성숙 정도에 따라 남자아이들은 새치기 장난을 하지 않도록 하고, 여자아이들은 초경이 있을 수 있으니 각별히 주의해야 합니다.

초등학교 고학년인 5학년과 6학년의 경우, 학습 내용이 조금씩 어려워지므로 예습과 복습을 혼자 하며 완전 학습을 하고 진급하도록 해야 합니다.

밥상머리 교육 가족 여러분께서 자식을 교육할 때 웃으면서 즐거운 분위기에서 가르치고 지도하시면 효과가 두 배가 됩니다.

방학 시간에는 농촌 체험이나 군대 체험과 테마 체험 등을 시키는 것이 정서적으로 바람직하고, 등산을 같이하면서 지구력을 기르는 것도 하나의 방법입니다.

또 딸기 따기와 감자 캐기, 과일 따기 등 농촌 체험도 바람직합니다. 이렇게 많은 체험을 하면서 가족끼리 차분하게 지내기 위해서 악기 하나 정도 배우면 가정의 행복에 많은 도움이 됩니다.

그리고 현대에는 자기 생각이나 학습 이론을 알고서 잘 표현하는 습관을 기르는 것도 자기 발전에 큰 도움이 됩니다. 어떤 바둑기사는 해설과 일반 상식을 잘 조리 있게 설명하여 TV에 출연하기도 합니다.

자식들을 가르치면서 무엇을 좋아하는지, 어떤 분야에 특기가 있는지를 파악하여 가능하면 한 가지 재주를 키워 주면 성공에 보다 가까워질 수 있습니다.

그리고 세계적으로 부자가 많고, 유능하며, 노벨 수상자가 가장 많이 나오는 민족인 유대 민족의 특징이 바로 밥상머리 교육이라고 합니다. 학교 수업도 대화와 논쟁으로 이루어진다고 합니다.

유대 민족이 항상 호기심을 키워 새로운 것에 도전하고 창의력이 뛰어난 것도 밥상머리 교육으로 매일 저녁 가족이 함께 식사하면서 대화로써 가르친 덕분입니다.

여러분의 가정도 매일 저녁만큼은 온 가족이 함께 식사하는 시간으로 정하여 저녁 식사 때마다 밥상머리 교육이 이루어질 수 있도록 하시면 바람직하겠습니다.

잠에 대하여는 10시경이면 하루를 정리하고 잠에 드는 것이 건강에 이롭다고 합니다. 자정쯤에 인간의 세포가 생성된다고 하니, 그 전에 잠들어야 세포 생성이 잘되어 건강하게 성장할 수 있을 것입니다.

학습 시간을 저녁 식사 1시간 후 1~2시간 정도로 정하여 매일 하고 싶은 독서를 하거나 숙제를 하면 많은 도움이 되리라 생각됩니다.

이때 꼭 잊지 말아야 할 것은 '모든 일을 할 때에는 즐겁게 하라'는 것입니다.

어떤 일이든지 일하면서 즐거움을 찾는 습관이 중요합니다. 즐겁게 학습하는 것이야말로 앞으로 살아가는 데 있어서 아주 중요하다 할 수 있습니다. 어떤 일이든지 즐겁게 일하면 그 사람은 틀림없이 성공할 것입니다.

나와 가족을 위해서 열심히 일하고, 건강하고 즐겁게 더불어 살아가는 민주 시민으로 자랄 수 있도록 교육해야겠습니다.

무궁화 4편

중학교에 대하여

이 시기에는 진로를 잘 선택해야 합니다

인문계와 자연계, 특성화 고등학교,

직업 교육학교 등이 있습니다

앞으로 유망한 미래 산업들 중

나에게 맞는 직업을 선택하여 즐겁게 일하면서

살아가는 민주 시민이 되어야겠습니다

　중학생 시기에는 고등학교 진학에 앞서 진로와 직업을 잘 선택해야 합니다.

　1학년 1학기는 대체로 자율학기로 학교 시험이 없고, 직업에 대한 체험하는 학기입니다. 그래서 자칫 잘못하면 시간 낭비가 될 우려가 다분히 있습니다.

　그러니만큼 영어나 수학의 학습을 집중적으로 한다든지, 한석봉 천자문을 익히고 암기한다든지 다양한 학습을 통해 보람 있는 시간으로 만들어야 합니다.

　1학년 2학기부터 중간고사와 기말고사가 실시됩니다. 이 성적이 고등학교 입시에 필요할 경우가 있으니, 좋은 성적을 받을 수 있도록 시험 대비 학습을 해야 합니다.

　　　　　　　　　　　　　　　　　　　　　밥상머리 교육

필자가 30여 년간 교직에서 경험한 교사로서 가장 바람직한 시험 대비 학습에 대하여 말씀드리겠습니다.

우선 학교에 시험 시간을 발표하기 일주일 전에 시험 공부를 시작해야 합니다.

시간표에 따라 먼저 시험 보는 교과 순서대로 시험 범위 내의 내용을 정독합니다. 이해를 중심으로 정독하면서 수업 시간에 중요하다고 강조된 내용들은 주관식 시험에 나올 수 있으니 대비해야 합니다.

단, 시험에 출제되지 않을 것 같은 내용까지도 모두 정독해야 합니다. 왜냐하면 선생님 중에는 일부러 함정 문제를 출제할 수도 있기 때문입니다.

교과서 공부가 끝났다면, 이제 참고서의 문제를 풀어 보고 또 2권의 문제집을 풀어 보고, 마지막으로 교과서의 익힘 문제나 단원 정리 문제를 모두 풀어 학습합니다.

교과마다 3권의 문제집을 풀어 보는 것이 바람직합니다. 왜냐하면 선생님들이 창안해서 문제를 출제하려면 시간이 너무 많이 걸려서 이 참고서, 저 문제집에서 변형하여 출제하는 경우가 대부분이기 때문입니다.

이왕이면 선생님이 가지고 있는 참고서의 문제집을 구입하는 것이 유리하겠습니다.

또 시험 보는 날, 답안지를 쓸 때에는 문제의 번호를 확인하면서 마킹해서 밀려 쓰지 않도록 주의해야 합니다.

사춘기 시기의 성교육에 대한 세미나가 있으면 참석하는 것이 바람직합니다. 강연이나 전문가의 이야기를 듣고 성에 대한 올바른 가치관을 정립할 필요가 있기 때문입니다.

사춘기 시기는 성에 대하여 예민하기 때문에 많은 시간 동안 성에 대한 생각을 하게 됩니다. 성에 대한 생각의 시간을 점점 줄여야 합니다. 성에 대하여 지나친 집착은 인생을 그르칠 수 있으며 실수할 수도 있기 때문입니다.

남학생의 경우는 생식기 장난을 지나치게 하지 않도록 주의해야 하고, 항상 청결하도록 해야 합니다. 생식기도 깨끗해야 하지만, 마음과 생각을 더욱 깨끗하게 해야 합니다.

성에 대한 특별한 교육이 없다면, 백과사전에 있는 성교육에 대한 내용을 공부하는 것도 바람직하겠습니다.

성에 대한 지나친 집착은 인생을 망가뜨리기 쉬우며 실수할 가능성이 큽니다. 특히 음란 동영상·사진·만화 등을 멀리하는 것이 바람직합니다.

더구나 선진국에서는 성적 타락시대라 해서 성교를 자유롭게 하자고 구체적으로 부르짖는 불량배 집단이 있다고 들었습니다. 여기에 흔들리면 인생도 망가지고 가정도 흔들릴 수 있으며, 사회 전체가 혼란에 빠질 수 있어 조심해야 합니다.

올바른 성에 대한 가치관으로 유혹을 물리쳐야 합니다. 성에 대한 집착은 일장춘몽입니다. 지나고 나면 허무한 것입니다. 순간의 쾌락보다 영원한 즐거움을 찾아야 합니다.

고등학교의 선택을 살펴보면 먼저 인문계와 자연계를 선택하고, 인문계 고등학교, 특성화 고등학교, 직업 교육학교 등이 있어서 잘 알아보고 자신에게 맞는 진로를 선택해야 합니다. 포항 제철고, 당진에 있는 합덕 제철고도 있고, 강원도 원주에 역사관 학교도 있고, 철도 고등학교도 있으며, 진해에는 항공 기술학교도 있으니 잘 알아봐야 합니다.

앞으로 유망한 미래 산업으로는 인공지능 산업과 에너지 산업, 바이오산업, 항공 정비 산업, 자동차 정비 산업, 물리치료 산업 등이 각광을 받는다고 합니다. 물론 반도체 산업과 섬유 공업, 그리고 철강 산업 등은 그대로 유지되면서 새로운 미래 산업들이 떠오른다는 것입니다.

그러므로 나에게 알맞은 산업 하나를 선택해서 직업으로 삼아야 합니다.

나에게 맞는 직업을 선택하여 즐겁게 일하면서 살아가는 민주 시민이 가장 멋진 인생이며 아름다운 인생입니다. 밥상머리 교육에서 잘 가르치시기 바랍니다.

고등학교에 대하여

목표를 분명히 하고,

오직 앞만 보고 자기 주도 학습으로

실력을 쌓는 것만이 성공의 비결입니다

고등학교 3년이 전 인생을 좌우하는 시간임을 잊지 말고,

수능시험 그날까지 최선을 다하여

자신의 실력을 100% 발휘하기 바랍니다

　우리나라의 현재 환경에서는 고등학교 3년이 앞으로의 인생을 좌지우지하는 중요한 시간입니다.

　하기 싫어도 적응해야 합니다. 적응하지 못하면 낙오자가 됩니다. 반드시 참고 견디며 사회에 적응해야만 합니다. 그러므로 적응하여 열심히 3년간 노력하는 데 도움이 되고자 30여 년의 경험을 말씀드리려 합니다.

　우선 학습은 자기 주도 학습으로 하는 것을 원칙으로 하고, 부족한 교과에 대하여 학원에서 보충합니다.

　학교 수업은 정신을 집중하여 졸지 않도록 하고, 자율학습 시간을 최대한 활용하여 복습과 예습을 합니다. 그리고 쉬는 시간까지도 문제를 풀어 보는 정신 집중이 필요합니다. 모든

밥상머리 교육

학습은 즐거운 마음으로 이해하고 기억하여서 스스로 깨달아 가면서 하도록 합니다.

집에서도 혼자 있는 시간에 무엇을 하느냐에 따라서 실력 향상 여부가 달라지니, 혼자 있는 시간에도 역시 자기 주도 학습을 열심히 해야 합니다.

저녁 12시경에 잠자고 6시경에 일어나 6시간 정도 잠을 자도 낮에 졸지 않도록 습관화시킵니다.

스마트폰이나 게임이나 이성 교제는 학습에 악마이오니 절대로 가까이하면 안 됩니다.

오직 학습에 집중하여 전념하도록 매일 다짐을 하면서 나의 목표를 세우고, 앞만 보고 꾸준히 학습해야 합니다.

공부하는 틈틈이 운동도 하며 체력 관리를 하는 것도 중요합니다. 슬럼프가 없도록 일주일에 한두 번은 땀이 나도록 운동을 합니다.

시험공부는 시험시간표 발표 일주일 전에 시작해야 합니다. 그 방법을 살펴보면, 먼저 시험 범위의 내용을 완전히 정독합니다. 도저히 출제되지 않을 내용까지도 정독합니다. 왜냐하면 선생님 중에는 함정 문제를 출제하는 분도 있기 때문입니다.

수업 시간에 중요하다고 한 내용은 주관식 시험에 대비하고, 참고서의 문제를 풀고 교과서의 익힘 문제와 단원의 요약

된 내용을 익히면서 문제집 두 권을 풀어 보고 시험을 보아야 합니다. 왜냐하면 선생님들이 문제를 출제할 때 많은 시간이 걸리기 때문에 이 참고서, 저 참고서의 문제를 약간씩 변형하여 출제하는 경우가 대부분이기 때문입니다.

만일 문제집을 구입하기가 어렵다면, 친구와 출판사를 달리하여 구입하고 시험 때 서로 바꾸어 공부하는 방법도 좋습니다.

고등학교 선생님들은 모든 문제를 수능 시험 문제 유형으로 출제하려고 노력합니다. 따라서 문제집에서 수능 시험 문제 유형의 문제를 주의 깊게 보아야 합니다.

방학 때에는 부족한 교과 하나만 선택하여 집중적으로 자기 주도 학습을 합니다. 사설 독서실은 시간 낭비가 될 우려가 있습니다.

다시 말씀드리지만, 스마트폰이나 게임이나 음란물이나 이성 교제는 절대로 하지 않도록 주의해야 합니다.

고등학교 2학년 2학기 겨울방학 기간에는 올해 실시된 수능 시험 문제 해설집을 구입하여 수능 시험 문제의 유형을 익히고, 최근 3년간의 수능 시험 문제 유형까지 익히면 금상첨화입니다.

유형을 익혀서 3학년 1년 동안 수능 시험 문제 유형의 문제에 적응 학습하면 됩니다. 따라서 EBS 교재의 문제와 수능 문제 유형의 문제를 적응 학습하는 것이 3학년의 중요 학습 방법입니다.

그리고 오답 노트를 활용하는 것이 효과적입니다.

1학년 때부터 시험을 보고 틀린 문제를 기록하는 노트를 오답 노트라 합니다. 한 학기 동안 누적 기록하고 학기말에 복습합니다.

1989학년도 학력고사에서 전국 수석한 학생의 특징이 학교에서 자율학습과 쉬는 시간에 문제 풀기와 오답 노트 활용과 자기 주도 학습입니다. 특히 상위 그룹이라면 학원에 의존하지 않는 것이 바람직합니다.

나의 목표를 분명히 하고, 오직 앞만 보고 꾸준히 즐겁게 자기 주도 학습으로 실력을 쌓는 것만이 성공의 비결입니다.

밥상머리 교육 가족 여러분. 고등학교 3년이 전 인생을 좌우하는 시간임을 잊지 말고, 수능시험 그날까지 최선을 다하여 나의 자신의 100% 발휘하기 바랍니다.

그리고 특성화 고등학교와 기술 고등학교에서도 시험 공부하는 방법은 위와 똑같이 하면 됩니다.

다만, 예체능 고등학교에서는 학습과 실기의 비중을 생각하면서 학습과 실기에 대한 전문가의 지도자가 필요합니다.

기본과 기초에 중점을 두고 노력해야 합니다. 기타 기술과 자격증을 취득하도록 노력하면 됩니다. 항공 정비와 자동차 정비와 물리치료 기술을 잘 배워서 자격증을 취득하고, 일찍 먼저 사회에 적응하고 열심히 일한다면 성공의 길에 더욱 빨리 닿을 수 있습니다.

절대로 절망하거나 포기하지 말고, 끝까지 성공의 그날까지 열심히 즐겁게 일한다면 잘 사는 날이 반드시 올 테니 힘내시기 바랍니다.

밥상머리 교육

대학교에 대하여

학점 관리를 잘하면서 기초 체력을

단단히 길러 놓아야,

사회에서 마음대로 일을 할 수 있습니다

체력 단련과 함께 많은 독서가 필요합니다

지도자의 포부가 있는 사람이라면

더욱이 지도자다운 학식이 있어야 합니다

학점 관리는 평소 강의 내용을 노트에 철저히 정리하여 시험에 대비해야 합니다. 리포트는 정성을 다하여 써서 제출하고, 전공 교과에 대해서는 항상 스스로 학습하는 습관을 길러야 합니다.

평점 4.1 이상으로 받아서 장학금도 받고, 입사 시험 때 가산점도 받으면 이것이 가장 중요한 대학에서 해야 할 학습입니다.

전공학습을 아니하고 다른 일을 할 수는 없습니다. 모임을 갖고 놀면서도 늘 학과 공부에 관심을 갖고 있어야 합니다. 전공 교과에 대해서는 항상 완벽하게 실력을 쌓아야 합니다.

교양 교과까지도 평소에 읽고 생각하면서 말 그대로 교양으로 알고 있으면 언젠가는 활용할 때가 있습니다.

밥상머리 교육

아르바이트는 꼭 필요한 경우에 하고, 차라리 학점을 잘 받아 장학금을 받는 것이 더 좋은 아르바이트가 될 수 있습니다.

집에서 나 혼자 있는 시간을 잘 활용하여 나만의 실력을 쌓아간다면 금상첨화이며 장래를 위해 바람직하다고 생각합니다.

4학년 때 전공에 대하여는 폭 넓게 앞에 나가서 설명이 가능할 정도로 실력을 쌓아야 합니다. 그래야 사회에 나아가 전공을 살려서 직업을 가질 때 다시 책을 보는 일 없이 기술사에 도전하기도 쉽습니다. 그리고 만일 대학원에 진학한다고 해도 기본이 튼튼해야 더 깊이 연구할 수 있는 것입니다.

또한 학점은 평점이 4.5에 가까울수록 입사 시험에 유리합니다.

체력 관리와 독서

학점 관리를 잘하면서 100세 시대에 대비하여 기초 체력을 단단히 길러 놓아야, 사회에서 마음대로 일을 할 수 있습니다. 체력이 약하면 일을 하고 싶어도 못 하는 경우가 있습니다.

체력 단련과 함께 많은 독서가 필요합니다. 지도자의 포부가 있는 사람이라면 더욱이 지도자다운 학식이 있어야 합니다. 말 한마디를 하더라도 뼈대 있는 말을 함으로써 후배들이 잘 따를 수 있는 언행이 필요합니다.

필자가 인생 선배로서 권하는 책은『古文珍寶(고문진보)』입니다. 이 책은 사회 적응 능력과 지도자의 인격을 키우는 데 가장 유익한 책입니다.

인생에서부터 자연 현상에 이르기까지 사회 적응력을 기르는 데에 이만한 책이 없다고 생각합니다. 책 제목부터 중국의 역사에 명문장만 선택하여 만든 책으로, 다양한 학식을 얻을 수 있습니다.

두 번째로 권하는 책은『손자병법』입니다. 어느 회사의 사장도『손자병법』에서 지혜를 얻어 회사를 큰 기업으로 발전시켰다고 합니다. 사회에서 다양하게 적용되고 있는 만큼, 지혜로운 사람이 되기 위해 읽는 것을 권합니다. 잘 읽고 그 이유를 생각해 보면 더욱 재미있습니다.

세 번째로『나폴레옹』을 권하며, 카네기는 어떻게 부자가 되었는가, 록펠러는 어떻게 부자가 되었는가를 읽고 사회에 적용해 보는 것도 바람직한 일입니다.

다음으로는 위인전과 교양서적으로 시집과 소설, 그리고 수상록과 옛날이야기도 유익할 때가 있습니다.

이와 같이 100세 시대에 대비하여 체력 단련과 독서를 통하여 정신적 양식을 충분히 쌓으면 사회에서 유용하게 활용할 수 있습니다.

이성 교제

이제 사회에 나아가 직장을 잡고, 가정을 꾸리려면 결혼할 사람이 필요합니다. 아니, 사랑하며 평생을 같이해야 할 사람을 찾아야 합니다.

짝을 만나는 인연은 하나님만 아시니 어디에서 만나든지 서로 같이하면서 때로는 친구 같고, 때로는 애인 같아 보면 볼수록 자꾸만 보고 싶은 얼굴이 가장 아름다운 사람이 바로 인연이죠.

보고 있어도 보고 싶은 사람, 제 눈에 안경이니 콩깍지가 씌어 예쁘게 보였든지 대부분은 자기의 약점을 잘 갖춘 사람을 선택한다고 합니다. 키가 큰 사람은 작은 사람을, 작은 사람은 큰 사람을, 이와 같이 체격이나 생김새나 성격 등이 서로 보완될 수 있는 상대를 선택한다고 말들을 합니다.

어디서 어떻게 만나는가도 각자 취향대로 다르기 때문에 무엇이라 딱 잘라서 말할 수는 없지만 그래도 객관적인 몇 가지를 제시해 보았습니다.

남자가 여자를 선택할 경우는 1) 마음씨, 2) 맵씨(맵시), 3) 말씨, 4) 솜씨 등으로 소위 '4씨'를 갖춘 여성을 선택하는 경우가 많습니다.

여성이 남자를 선택할 경우는 1) 남성다운 매너, 2) 활달하고 웃음을 줄 수 있는 남성, 3) 돈 많은 남성, 4) 과묵하고 신체 건강한 남성 등으로, 요즘 젊은이들은 귀엽고 가정적인 남성을 선호한다는 말도 있습니다.

필자의 경우는 옆집에 놀러 가서 앨범을 보다가 가장 내 눈에 들어오는 얼굴을 선택하여 사귀고 서로 좋아하여 만난 지만 1년 만에 결혼을 했습니다.

아내는 아주 정확한 성격으로 가정 살림과 자식을 가르치고 교육하는 데는 거의 100점에 가까운 점수로 아주 잘하고 있습니다. 더구나 뇌졸중으로 쓰러진 필자를 7년이나 병간호하느라 고생 많은 아내이니, 무슨 말이 필요하겠습니까.

7년여 동안 할 일 없이 창살 없는 감옥 같은 병원에서 재활 치료시켜 주고 지금까지 병간호해 주는 그 힘은 과연 무엇일까요? 아내의 병간호하는 손길을 생각하면 어찌나 마음씨가 아름다운지, 언제나 보답해야 할지 두고두고 사랑해 주고 싶습니다.

그렇지만 혹시나 재발이 되어 시간이 부족하면 어쩌나 몹시 걱정이 됩니다. 만약 즐겁게 해 줄 수 있는 무엇인가 있다면 무엇이든지 해 주고 싶은 마음입니다. 그러나 아직도 보답다운 사랑의 말조차 못 하고 있는 형편이니 한심스럽기만 합니다.

아내에게 사랑하는 마음은 이 세상 끝날지라도 가서 무엇이든 사랑의 표현을 하여 즐겁게 해 주고 싶습니다. 오, 아름다운 나의 아내여! 신혼여행 때 찍은 낙엽 위의 당신의 모습이 눈앞에 선하답니다.

여러분은 어디서 어떻게 사랑하는 사람을 만날까요? 가능하면 가까이에서 찾아보는 것이 좋을 듯합니다. 학교를 다니면서 도서관이나 운동장에서, 또는 야유회를 나가서, 또는 동아리 모임 등 어느 곳에서든 용기가 필요합니다.

이쯤에서 '철혈 재상'으로 불리던 독일의 정치가 비스마르크의 사랑 이야기를 들려 드리겠습니다.

비스마르크는 학창 시절 내내 성적이 상위 그룹에 들었다 합니다. 그래서 베를린 대학의 정치학과에 응시했지만 보기 좋게 떨어졌다고 합니다.

고교 시절에 최선을 다하지 못하고 놀다 보니 성적이 부족했고, 결국 재수를 하게 되었습니다. 우리나라처럼 학원이 없었던 시절이라 책을 모아서 집에서 또다시 복습으로 재수를 하게 되었습니다.

처음에 3개월쯤 두문불출 입시 준비를 시작하다 보니 머리가 길어 깎으려고 시내 이발소를 찾았습니다. 머리를 반쯤 잘랐을 때, 앞 거울에 비친 길을 지나가는 아가씨의 모습이 어찌

나 아름다운지 이발소 아저씨에게

"잠시 밖에 나갔다 와서 깎으면 안 될까요?"

라고 말씀드리고는 머리 깎다 말고 밖으로 뛰어나가 아가씨의 뒤를 따라가기 시작하였습니다.

얼마쯤 가다가 아가씨가 힐끔 뒤를 돌아다보고는 그냥 또각또각 구두 소리를 내며 앞서 걸어가고, 비스마르크는 아가씨의 뒤를 따라가고 있었습니다.

조금 가다가 골목을 돌아서 조그마한 개울을 건너 장미꽃 만발한 울타리 옆에 대문 앞에 아가씨가 섰습니다. 비스마르크도 뒤따라 대문 앞에 섰습니다.

"여보세요. 누구를 찾아오셨습니까?"

아가씨가 물었습니다.

"아~아. 아가씨의 아버님을 뵈러 오는 중입니다."

깎다 만 머리 모양하고는 꼭 정신 나간 사람처럼 보였을 텐데, 아가씨는 그러한 외모에는 관심이 없고 아버지를 뵈러 오셨다고 하니 일단 집 안으로 들어오라고 말했습니다.

바로 아가씨 뒤로 보이는 거실까지 들어가 소파에 앉아 있으니 차 한 잔이 나오고, 탁자 위에 놓인 신문을 읽으며 아버지를 기다리기로 했습니다.

얼마쯤 지나서 시장에 갔다 오시는 듯 시장바구니를 들고 어

밥상머리 교육

머니께서 먼저 오셨습니다.

어머니는 딸에게 누구시냐고 물어보니, 아가씨는 모르는 사람인데 아버지를 뵈러 오셨다고 하셔서 들어와서 기다리라고 했다고 대답했습니다. 어머니는

"아버지가 오늘은 조금 늦으신다고 하셔서 저녁을 먼저 먹으라 했는데….."

하시며 딸과 함께 저녁 준비를 하러 부엌으로 들어가고, 비스마르크는 아직도 거실에 혼자 앉아 신문에 있는 모든 기사를 읽고 있었습니다.

저녁 준비를 하고 있던 어머니가 나와 비스마르크에게 물었습니다.

"아버지께 무슨 볼일이 있습니까?"

비스마르크는 오늘 있었던 이야기를 어머니께 말씀드리며,

"아가씨와 사귀고 싶어 아버님께 승낙을 받고 싶습니다."

아주 당돌하기 짝이 없습니다. 난감하게 된 어머니는 잠시 생각에 잠기는가 싶더니 한 가지 제안을 했습니다.

"내년에 베를린 대학 정치학과의 합격증을 가져와서 아버지께 말씀드려 허락을 받으면 어떨까요?"

어머니의 이러한 제의에 비스마르크는 그제야 웃으면서,

"그렇다면 서약서를 한 장 써 주세요."

그래서 베를린 대학 정치학과의 합격증을 가져오면 아버님으로부터 승낙을 받기로 하는 서약서를 한 장 받아 들고 콧노래를 부르며 깎다 만 머리를 모두 깎고 집으로 돌아왔습니다.

그 후로 비스마르크는 두문불출 8개월을 얼마나 열심히 공부를 했는지, 엉덩이에서 곰팡이가 날 정도로 앉아서 공부를 했다고 합니다.

그리하여 베를린 대학의 정치학과 합격증을 가지고 아가씨의 아버님께 승낙을 받고 사귀어 결혼까지 했는데, 바로 그 아가씨의 아버지가 주지사였다고 합니다.

그 후 비스마르크는 장인의 은덕으로 정치에 데뷔하게 되고 승승장구, 기민당 당수의 자리에까지 올라 드디어 대통령에까지 당선되어 마침내 그 유명한 철혈 정책으로 여러 부족 국가, 연방 국가를 하나의 독일로 통일 시킨 최초의 대통령이 되었습니다.

이러한 비스마르크의 넉살과 용기는 아름다운 아내를 얻는데 필요한 성격이었습니다.

여러분도 비스마르크와 같이 넉살과 용기를 내어 아름다운 짝을 선택하여 행복한 가정을 만들기를 바랍니다. 이 이야기는 필자 고등학교 1학년 때 지리 선생님께서 들려주신 이야기였습니다.

밥상머리 교육

百忍堂中有泰和하면
一醮终身 할 수 있다

결혼 생활이란 마냥 즐겁고
행복한 것만 있는 것이 아니라 때로는
거센 비바람이 불 때도 있고,
눈보라가 몰아칠 때도 있습니다
그 어려움에 부딪쳤을 때,
서로 마음을 합하여 참고 견디어 내면
큰 평화가 찾아온다는 말입니다

　"백인당중유태화(百忍堂中有泰和)하면 일초종신(一醮終身)할
수 있다."

　이는 백번 참는 집 가운데에 큰 평화가 있으며, 한 번 결혼
식을 올리면 몸이 마칠 때까지 함께 살아간다는 뜻입니다.

　결혼 생활이란 마냥 즐겁고 행복한 것만 있는 것이 아니라
때로는 거센 비바람이 불 때도 있고, 눈보라가 몰아칠 때도 있
습니다. 그 어려움에 부딪쳤을 때, 서로 마음을 합하여 참고
견디어 내면 큰 평화가 찾아온다는 말입니다.

　『춘향전』에서는 춘향이가 변 사또로 하여금 온갖 고초를 참
고 견디어 냈기 때문에 암행어사가 된 이 도령을 만나 백년해
로를 할 수 있었다는 이야기입니다.

　　　　　　　　　　　　　　　　밥상머리 교육

"결혼을 해 보라. 후회할 것이다. 결혼을 하지 마라. 봐라, 더욱 후회할 것이다."

어디서 많이 들어 본 말이지요? 유명한 독일의 철학자 쇼펜하우어의 명언입니다.

결혼이라는 것이 마냥 행복한 것만은 아닙니다. 심리학자들은 80%가 슬픈 일이고 20%가 기쁜 일이라고 합니다. 그러하니 우리는 어떻게 하면 20%의 기쁨을 기억하면서 즐겁게 살 것인가를 고민해 보아야 합니다. 그래서 추억 쌓기, 추억 만들기를 하는 것입니다.

사실입니다. 결혼 전에는 한 달에 한 번씩 여행을 한다고 약속하지만, 결혼하고 나면 어찌나 할 일이 많은지 여행 갈 시간이 좀처럼 나지 않는 것이 태반입니다.

그러나 계획을 세워 여행도 하고, 구경을 하면서 추억을 쌓으며 기쁜 일들을 많이 만들수록 즐겁고 행복하게 살아갈 수 있다고 생각합니다. 혼자 즐기지 말고 함께 즐기는 아름다운 모습은 생각만 해도 아름답습니다.

그러므로 어려운 일이 있을 때는, 서로 참고 견디어 내면 해 뜰 날이 틀림없이 옵니다. 그렇게 하여 60여 년을 함께 살면 어느덧 90세가 넘도록 행복하게 살 수 있습니다.

필자도 그렇게 노력하며 살아간 지 벌써 70이 넘었습니다.

孝는 百行之根本

효도하는 마음이 올바르게 있어야

가정의 질서와 사회의 질서와 나라의 질서가

올바른 방향으로 발전하여 나갈 수 있습니다

그러한 의미에서도 효도는

백행의 근본으로 자손만대에 가르치고

보전하여 후세에 잘 전수시켜야 합니다

　우리 민족은 옛날부터 "효(孝)는 백행지근본(百行之根本)"이라 하여 효도를 백행의 근본이자 모든 언행의 근본정신으로 여겼습니다.

　우리나라가 오늘날 이만큼 질서 있는 사회를 이루며 선진국을 향하여 발전해 가고 있는 것도 모두 효에 대한 이러한 생각 덕분입니다.

　여러 나라를 여행해 보면 유럽의 선진국이라는 영국, 프랑스, 이탈리아 등에서도 소매치기가 많아서 소지품을 함부로 놓지를 못합니다. 더구나 화장실 문화가 우리나라보다 많이 뒤떨어져 유료 화장실뿐입니다.

　필자가 살고 있는 마을 주변 탄천의 간이 화장실은 냉난방

시설이 완비되어 있어 겨울에는 따뜻하고, 여름에는 시원하게 사용할 수 있습니다. 또 세면기도 깨끗하고, 휴지는 항상 준비되어 있어 사용하기에 아주 깨끗하고 편리합니다.

그뿐만 아니라 전국의 공중화장실을 가 보더라도 깨끗하게 되어 있고, 깨끗하게 사용할 줄 알며, 고속도로 휴게실의 화장실도 다른 나라에 비교할 수 없을 만큼 화장실 문화가 잘 발달되어 있음을 알 수 있습니다.

우리나라의 치안 상태나 거리 질서 역시 유럽의 선진국보다 앞서 있음을 볼 수 있습니다.

이러한 의미에서 우리나라는 아직도 세계에서 가장 질서를 잘 지키는 나라이며, 예절 바른 나라임에 틀림없습니다.

이러한 거리 질서와 화장실 문화 등에서 수준 높은 사회를 이룰 수 있는 것은 아무래도 옛날부터 예의 바른 나라의 전통이 잘 이어져 온 것이 아닌가 하는 생각을 하게 됩니다.

그 근본정신이 바로 효(孝)라는 것을 잊어서는 안 되겠습니다.

현대를 변화의 시대, 3년이면 모든 생활용품들이 새로 나오는 시대에 살고 있습니다. 10년이면 강산이 두세 번 바뀌어 변화하지 않으면 뒤떨어지는 시대에 살고 있습니다. 너무 빨리 변하고 바뀌어 가고 있습니다.

따라가기 힘들어 어지러울 지경으로 시대가 빨리 변하고 바

꿰어 가고 있는 이때, 생활용품들이 제아무리 변하고 바뀌어도 절대 변하거나 바뀌면 안 되는 것이 있다면 그것이 바로 효도입니다.

효도하는 마음이 올바르게 있어야 가정의 질서와 사회의 질서와 나라의 질서가 올바른 방향으로 발전하여 나갈 수 있는 것입니다. 그러한 의미에서도 효도는 백행의 근본으로 자손만대에 가르치고 보전하여 후세에 잘 전수시켜야 합니다.

밥상머리 교육에 있어서 효도에 대한 가르침은 가정을 위하고 사회를 위하고 나라의 질서를 위하여 가장 열심히 가르쳐야 할 정신의 유산이라고 생각합니다.

그렇다면 이렇게 중요한 효(孝) 사상은 언제 어디서부터 유래되었을까요? 그 유래를 알아보는 일도 아주 재미있을 것 같아 살펴보기로 하겠습니다.

역사적 기록에 의하면, 가장 오래된 효도의 이야기는 중국 춘추 전국시대 오나라의 노래자에서 그 이야기를 찾아볼 수 있습니다.

중국의 산동성에는 중국 제일의 동정호가 있습니다. 얼마나 큰지 세 나라의 국경을 이룰 만큼 아주 큰 호수입니다. 서쪽에서부터 동쪽으로 오나라, 제나라 그리고 노나라 이렇게 세 나라의 국경을 이루는 큰 호수입니다.

그 서쪽에 위치한 오나라의 노래자는 어려서부터 총명하고 지혜가 있으며 예절 바른 효자로 이름나 있었습니다. 성장하여 약관 20대의 나이에 이미 과거에 급제하여 관리직에 오르게 되었습니다.

그런데 노래자의 고향인 오나라에서 아주 먼 타향으로 발령받으면서 어머니 곁을 떠나 타향에서 근무하게 되었습니다.

승승장구하여 관직의 직위가 높아지면서 나이가 어언 40대에 이르니 어머니께서는 60세가 넘으셨습니다. 그런데 어머니께서 건망증이 있으셔서 집안일을 하다가도 실수를 하신다는 이야기를 들은 지 벌써 몇 년이나 지났습니다.

어머니 연세가 69세가 되던 해, 모처럼 휴가를 얻어 집에 와 보니 어머니의 건망증이 심해져서 이제는 어제 일이 생각나지 않는 치매에 가깝게 변해 있었습니다. 항상 우울하게 살아가고 계시는 어머니의 모습을 보고 노래자는 안 되겠다 싶어서 지금이라도 중국의 산동성 성주정도의 관직을 버리고서라도 어머니의 병을 고쳐 드리고 싶은 마음이 들기 시작했습니다.

휴가를 마치고 관직으로 돌아온 노래자는 생각했습니다. '어머니가 얼마나 더 사실 수 있을까.' 지금까지 5남매를 기르고, 가르치느라고 온갖 고생만 해 오신 어머니를 생각하니 하루라도 빨리 어머니 곁으로 가고 싶었습니다.

왜냐하면 풍수지탄(風樹之嘆)이란 말이 생각났기 때문입니다. 나무가 고요하고자 하나 바람이 놔주질 않고, 부모님께 봉양하려고 하나 부모님이 기다려 주지 않음을 한탄한다는 말로, 효도는 부모님이 살아 계실 때 해야 한다는 뜻깊은 말입니다.

풍수지탄을 생각하니 더욱 조급해져서 관직을 버려 버리고 고향으로 돌아왔습니다. 고향으로 돌아와 어머니를 뵈니 몇 날 며칠을 웃지도 않으시고 항상 근심과 걱정으로 우울한 얼굴로 사시는 모습에 노래자는 마음이 안 좋았습니다.

그래서 그 지방에서 가장 유능하다는 한방 의사를 찾아서 사실 이야기를 하고 치매에 가장 좋은 약을 지어 어머니께 드렸습니다.

그러나 6개월이 지나도록 차도가 없자, 노래자는 어떻게 하면 어머니를 즐겁게 해 드릴 수 있을까를 생각하였습니다.

고민 끝에 손자들로 하여금 노래를 부르고, 재주도 부리도록 했더니 어머니께서 그만 빙그레 웃으시는 모습을 볼 수 있었습니다. 그리하여 이번에는 손자들에게 아름다운 옷을 입혀서 춤추게 했더니 즐거워하시며 웃으시는 모습을 보고 생각했습니다.

'손자보다는 아들인 내가 직접 춤을 추면 더 많이 즐거워하시지 않을까?'

밥상머리 교육

이러한 생각에 47세의 나이에 아름다운 색동저고리를 입고 엉금엉금 방바닥을 기었더니, 어머니께서 빙그레 웃으시는 게 아니겠어요?

그 모습을 보고 노래자가 벌떡 일어나 춤을 춰 드리니, 어머니께서 즐거운 마음으로 웃으시게 되었습니다.

그 뒤로 노래자 손자들과 노래자가 직접 색동저고리를 입고 노래를 부르며 춤을 추니 어머니께서 즐겁게 웃으실 수 있었답니다.

이 이야기는 노래자가 색동옷을 입고 춤을 추어 치매에 걸리신 어머니를 평생 즐겁게 웃겨 드렸다는 효도의 이야기였습니다.

그 후에 한나라 때 육적이라는 어린이의 효심 이야기도 있습니다.

7살 된 육적이 서당에 갔습니다. 다른 어린이들과 같이 천자문을 암송하고 있는데, 선생님께서 그 당시에 맛있기로 유명했던 유자를 한 바구니 가득 가져오셔서 세 개씩 나누어 주며 먹으면서 즐겁게 공부하라고 말씀하셨습니다.

다른 어린이들은 유자를 맛있게 먹으면서 공부를 하고 있는데, 육적은 유자 세 개를 주머니에 넣은 채 먹지 않고 공부만 하고 있었습니다.

이를 이상히 여긴 선생님이 물었습니다.

"육적아, 너는 어찌하여 유자를 먹지 않느냐?"

선생님의 물음에 육적은 이렇게 대답했습니다.

"집에 계시는 어머니께서 아주 좋아하시는 유자라 어머니께 드리려고, 먹지 않고 주머니에 넣었습니다."

그러자 선생님께서는 이러한 육적의 효심을 칭찬하였다고 전해지며, 육적회귤(陸績懷橘)이라는 제목으로 그 고사가 지금까지도 회자되고 있습니다.

우리나라 역사에 나오는 효도 이야기는 그야말로 각 고장에 전설의 고향으로 수없이 많은 이야기로 전해 내려오고 있습니다. 그러나 잘 알려지지 않는 효도 이야기가 있어 여기에 소개합니다.

1592년 임진왜란이 터지고 준비를 전혀 하지 못한 조선은 물밀 듯 밀려오는 왜놈들의 침략 앞에 각 지역 수령마다 모두 참패하니 수개월도 안 되어 한양성이 함락되었다는 지방 관리의 소식에 선조 임금은 한양의 백성들을 그냥 뒤로하고 왜놈들을 피하여 북쪽으로 피신을 할 수밖에 없었습니다.

그리하여 한양성은 왜놈들의 노략질에 아수라장이 되었고, 수많은 보물과 역사적 건물과 유물들이 불타고, 우리의 문화재가 모조리 파괴되었습니다. 전쟁의 패배는 승자의 노리개이

밥상머리 교육

며, 승자의 전리품으로 마구 파괴되고, 폭행당하며, 온갖 괴로움의 연속이었습니다.

선조 임금은 평양을 거쳐 압록강 상류 의주까지 피신하여 겨우 목숨만 부지하고 각 고장에서 일어나고 있는 의병들에게 기대할 수밖에 없는 처량한 신세가 되었습니다.

왜 미리 대비를 못하고 왜놈들한테 이렇게 당한 걸까, 후회한들 무엇하겠습니까.

천만다행이도 이순신 장군의 선견지명한 지혜로 거북선을 만들어 불과 24척으로 수많은 왜적을 무찔러 한양을 수복하고 정상으로 돌아왔지만 7년 동안에 문화유산이 파괴된 것이 그 얼마며, 빼앗긴 유물이 그 얼마인지 알 수 없을 만큼 많은 유물이 일본으로 유출되고, 도공들까지 수백 명 인질로 잡혀갔다고 합니다.

임진왜란으로 인해 한반도가 거의 정복되기는 했지만, 마지막 이순신의 승전으로 정복당하기 직전에 나라를 찾을 수 있었습니다.

그리고 분명히 임진왜란의 승리는 조선이었거늘 왜놈들은 자기들이 승리했다고 그 승리의 징표로 우리 조상의 코와 귀를 7만 개 내지 8만 개 정도를 잘라 소금에 절여 가져가서, 옛 일본의 수도인 교토 외곽에 묻고 이총이란 이름의 무덤이 지금도 있다고 합니다.

독자 여러분, 코와 귀를 자른다고 생각해 보세요. 얼마나 끔찍한 일인지…. 이렇게 왜놈들에게 7년 동안 괴롭힘을 당했습니다.

이때 우리 백성들 사이에서는 왜놈들에게 너무 많이 폭행을 당하여 그 당시 "얼마나 욕보셨어요?"라는 인사말이 생겼다고 합니다. '욕보인다'라는 말은 그야말로 우리 여성들이 왜놈들에게 농락당했다는 뜻이니, 그 지긋지긋한 7년간 우리의 여성들이 왜놈들에게 온갖 수모를 당했던 것입니다.

이순신 장군이 울돌목의 명량해전과 노량진해전에서 승리를 거둘 때 부산 앞바다에서 패하고 돌아가는 왜놈들을 무찔렀던 장수가 있었으니, 그 이름이 박인로 장수입니다.

박인로 장수는 50세의 늙은 몸을 이끌고 전선에 나와 부산 앞바다에서 현해탄을 오고가는 왜적을 무찔렀다고 합니다. 무찌르면서 작성된 가사로 「선상탄」이 있고, 「태평사」도 있으며, 「누항사」도 있습니다.

그러니까 전함을 타고 왜적과 싸우면서 나라가 짓밟히는 모욕을 보다 못해 왜적과 싸우면서 쓰러져 가는 나라를 한탄했다고 하는 내용이 「선상탄」이고, 피비린내 나는 전쟁이 빨리 끝나고 태평세월이 돌아오기를 바라는 마음을 노래한 것이 「태평사」입니다. 또 전쟁이 모두 끝나고 고향에 돌아가 고향 친구들과 산천, 초목을 벗 삼아 지어진 가사가 「누항사」입니다.

　이러한 공을 세운 박인로 장수는 거대한 이순신 장군 그늘 밑에서 빛을 못 본 장수였으며, 또한 효자였는데 효심이 나타난 시 한 수가 전해지고 있어 여러분께 알려 드리는 것입니다.

　전쟁이 끝나고 고향에서 살려고 했는데, 어머니께서는 임진왜란 중에 상처를 입어 병환이 들어서 3년 만에 돌아가셨습니다.

　가을철이 되면 그렇게 잘 드셨던 홍시였는데, 돌아가신 뒤 어느 가을날 건넛마을 한흠 이덕형을 찾아갔더니 반기면서 홍시를 한 바구니 가득 내오면서 함께 먹자고 하자, 어머니께서 잘 드셨던 홍시를 보니 돌아가신 어머니가 그리워 시를 한 수 지었다고 합니다.

　반중 조홍감이 고와도 보이나다
　유자 아니라도 품엄즉 하다마는
　품어가 반길 이 없을새 글은 설워 하나이다

　風樹之嘆(풍수지탄)의 효심을 노래 한 시조로, 박인로 장수의 어머니에 대한 그리움과 효심이 물씬 묻어나는 효자 박인로의 시조였습니다.

그런데 혹시 독자 여러분은 대중가요 중에 〈아모르파티〉라는 노래를 아십니까? 그 노랫말에 '연애는 필수, 결혼은 선택'이라는 노랫말이 있습니다. 요즘 젊은이들 세대를 잘 반영된 노랫말이라고 생각합니다만, 자연 법칙에 어긋나거나 사회에 미치는 영향을 생각하여 노랫말을 지어야 한다고 생각합니다.

그렇지 않아도 두 집 건너 한 집씩 40세가 넘은 결혼을 못한 싱글이 있다고 합니다. 결혼을 포기하는 젊은이가 많다는 이야기입니다. 장가가고, 시집가서 자식 낳아 기르면서 가정을 이루고 행복하게 사는 것이 인간의 자연스러운 과정이거늘 결혼이 선택이라니 이래서 어떻게 행복을 논할 수 있단 말입니까?

도대체 요즘 젊은이들 중에는 어렵고 힘든 일을 싫어해서 중소기업의 기술자가 부족하여 외국인 노동자를 수입하는 판에 젊은이들은 일자리가 없다고 아우성입니다.

따지고 보면, 대기업과 중소기업의 일은 오히려 중소기업이 더 힘들지만 연봉은 대기업의 반쪽이니 누가 중소기업에서 일하고 싶겠습니까?

그렇다면 정부에서 무엇을 하고 있나요? 대기업과 중소기업의 연봉 격차를 줄이는 연구를 해서라도 젊은이들이 마음껏 중소기업에서 일할 수 있는 환경을 만들어 주면 일자리 걱정을

밥상머리 교육

하지 않아도 되지 않을까요?

이를 위해 광주광역시에서는 일자리 창출이라 해서 대기업과 중소기업의 연봉 격차를 줄이는 방법을 창안하여 보급하고는 있으나, 보편화되지 못해서 큰 효과가 없는 것으로 알고 있습니다.

이제 다시 효(孝) 이야기로 돌아와, 필자의 자식 이야기를 해 보겠습니다.

요즘 젊은이들은 시부모의 시자도 싫어서 시금치를 싫어하고, 시부모 댁에서 멀리멀리 살림집을 마련한다고 합니다. 더구나 아파트 이름도 부모님 연세에 알아보기 힘든 이름의 아파트에 살면서 그것도 어쩌다가 이것저것 자식들에게 주려고 음식을 만들어 가지고 가면, 경비실에 맡겨 놓으라고 한다고 하니 요즘 젊은이들의 풍속도가 잘못된 것들이 많이 있는 세태입니다.

그런데도 필자의 둘째 아들과 며느리는 필자가 살고 있는 아파트, 그것도 같은 동 옆 라인으로 이사 와서 살고 있습니다. 너희 왜 이렇게 가까이 이사 왔느냐고 했더니 둘이 대답하기를,

"아버지가 아프셔서 가까이 있어야 한 번이라도 더 찾아볼 수 있을 것 같아 가까이로 이사 오게 되었습니다."

하니, 그 말을 듣고 가슴이 따뜻해 옴을 느꼈습니다.

이렇게 효성스러울 수 있을까요? 아들과 며느리가 더욱 예뻐 보이기 시작했습니다. 더구나 손자를 하나 딱 낳아 가지고 정성 들여 가르치고 기르는데 어찌나 잘하는지, 어쩌다 밥을 먹으러 오면 두 배의 행복감을 만끽합니다.

이쯤 되면 효자로서의 마음을 읽을 수 있을 듯하여 말씀드렸습니다. 효심은 아무리 많고 심해도 지나치지 않은 것 같습니다.

밥상머리 교육

배달의 공동체

우리 배달민족은 하루빨리 통일을 통해
하나의 공동체를 이루어 경제대국으로
발전시켜 나가서 북쪽의 중국으로부터,
남쪽의 일본으로부터 우리의 국토를 조금이라도
빼앗기지 않도록 정신을 바짝 차려야 할 것입니다

　지금도 중국은 '동북공정'이라 해서 중국의 역사를 재편성한
다는 명목 아래 동양의 역사를 왜곡하고, 날조시키면서 만주
는 물론 한반도 한강 이북이 중국의 영토였다고 주장하고 있습
니다.

　이것은 말도 안 되는 억지이고, 날조된 역사관이므로 그 진
실된 역사를 찾아야 합니다.

　조선 후기 조병갑 부안 군수가 농민들로부터 세금을 과잉으
로 거두어들였습니다. 그러자 최재우의 동학사상을 이어받은
전봉준 녹두장군이 중심이 되어, 농민들의 농민반란운동으로
확산되면서 호남 지방의 농민들과 전국의 뜻 있는 동학도들이
죽창을 들고 집권 세력에 대항하여 농민항거운동을 일으켰습

니다.

이것이 1894년 호남 고부에서 일어난 '갑오경장'이라고도 하고, '갑오농민운동'이라고도 합니다.

따지고 보면 이 운동은 집권 세력의 부당한 세금 징수에 대한 항거 운동이니 하나의 민주화 운동이라 할 수 있습니다.

동학사상을 바탕으로 전신 무장을 하고, 충청도 세력과 힘을 합치게 되어, 그 농민 운동에 참여한 인원이 60만 명에 이르렀었다고 합니다.

그 당시 우리 민족이 약 1천5백만 정도였다고 하니, 60만 명이라는 규모를 볼 때 상당히 많은 인원이 참여한 농민운동이라 할 수 있습니다.

60여만 동학 농민들은 북으로 한양을 향하여 올라가기 시작했습니다. 부여를 거쳐 공주에 들어가는 길목인 우금치에서 날이 저물어 하룻밤을 묵게 되었는데, 이때 갑자기 일본 침략군이 몰아닥쳐 우금치에서 당하고, 한양으로 가려는 농민반란 운동 농민들은 뿔뿔이 흩어져 패배하고 말았습니다.

그때 우금치 전투에서 패하여 죽은 농민들의 영혼을 기리는 위령비가 지금도 우금치 고개에 세워져 있습니다.

이러한 동학사상은 우리 민족의 시작에서부터 이어져 내려왔다고 합니다.

최근에 여러 전문가들이 30여 년에 걸쳐 옛 고적지를 탐방하며 고증을 바탕으로 연구한 바에 의하면, 지구의 인류는 원래 중앙아시아 알타이 지방에서 환인천황이 다스리는 환국으로 시작됐다고 합니다.

그 환국의 중심 세력을 이어받은 환웅천황이 배달국을 건설하여 1600여 년을 다스렸으며, 그 중심 세력이 현재 백두산을 중심으로 신시를 건설하고 나라 이름을 조선이라 하였다고 합니다.

단군왕검의 단군조선이 홍익인간이라는 인간을 널리 이롭게 한다고 하는 이념으로 나라를 다스리게 된 것이 우리 민족의 진실된 고대사라고 합니다.

그 영토는 지금의 만주 지방을 중심으로 살았으니, 그 이후 북부여국을 거쳐 고구려가 일어났다고 합니다.

이러한 우리 역사의 진실이 중국 역사 세력에 의하여 왜곡되고 날조되어 동북공정이란 명목으로 온 만주 땅과 백두산 천지의 30%까지 중국 영토로 만들어 놓았습니다.

필자가 1998년에 길림성 성주의 초대로 만주와 백두산을 다녀올 기회가 있어서 확인하고 돌아왔습니다. 실제로 백두산 천지의 30%가 중국 영토로 되어 있었습니다.

역사 전문가에 의하면 압록강 북쪽 약 5㎞를 서간도라고 하

밥상머리 교육

고, 두만강 북쪽 약 5㎞를 북간도라고 합니다. 서간도와 북간도는 조선시대 말까지 조선에서 관리하고 조공을 받았었다고 합니다.

그러니 우리 영토나 마찬가지라고 해도 과언이 아닙니다.

이러한 서간도와 북간도의 영토를, 조선을 먹어 삼킨 일본 제국주의자들이 러일전쟁을 일으키면서 만주 횡단 철도 부설권과 함께 중국에 팔아넘겼다고 합니다.

그뿐만 아니라 함경북도 무산을 중심으로 철광석 채굴권을 중국이 50년 동안 갖고 철광석을 마구 캐 가고 있으며, 두만강에서 함경도를 가로지르는 고속도로를 성진항구까지 연결하고 50년간 중국이 사용권을 가지고 있다고 합니다.

이를 보면, 그동안 북한이 백두산 천지의 30%와 무산의 철광석과 두만강에서 성진항에 이르는 고속도로와 성진항구를 50여 년간 사용하도록 팔아먹은 것이 아닌가 생각됩니다.

이러한 이야기들이 나의 귀에까지 들려오니, 지금도 중국은 계속 남쪽으로 한반도 전체를 중국의 영토로 만들려고 하는 야욕을 부릴지도 모른다는 불길한 생각까지 하게 되었습니다.

이러하기 때문에 우리 배달민족은 하루빨리 통일을 통해 하나의 공동체를 이루어 경제대국으로 발전시켜 나가서 북쪽의 중국으로부터, 남쪽의 일본으로부터 우리의 국토를 조금이라도 빼앗기지 않도록 정신을 바짝 차려야 할 것입니다.

그리하여 필자는 경제 대국으로 가려면 우선 경제를 살려야 하고, 통일의 기초를 다져야 한다고 생각합니다. 경제 발전의 불씨를 살려 평화통일 불씨로 살리기 위해 DMZ(비무장지대)를 평화의 생태공원으로 건설하자고 강력히 주장하는 바입니다.

이제 그 계획을 대략 말씀드리려고 합니다.

DMZ를 평화의 생태공원으로

제1공구에는 파주와 포천을 중심으로 조류 생태공원을 건설합니다. 길이 2㎞, 폭 1㎞의 자연 생태공원과 길이 2㎞, 폭 1㎞의 실내 생태공원을 조성합니다.

수많은 조류 중에서 우리 민족의 역사와 가장 친근함이 있고 아름다운 모습의 따오기 생태공원을 파주에, 원앙새 생태공원을 포천에 건설하면 바람직하겠습니다.

그리고 10만 관중의 운동장을 건설하여 남북 축구 정기전 전용 운동장과 만남의 광장으로 활용하면 바람직할 것으로 생각됩니다. 더불어 5만 관중의 체육관을 건설하여 K-POP 전용 공연장으로 관광 상품으로 활용하면 일거양득이 될 것입니다.

또한 세계 수준급의 숙박시설을 50곳 건설하고, 음식점 50곳을 건설합니다.

밥상머리 교육

이 모든 건설은 앞으로 중소기업 중심의 경제 구조로 생각하여 자유 입찰 경쟁을 통해 중소기업에게 기회를 주어, 중소기업을 육성·발전시켜서 대기업의 연봉에 준할 만큼 연봉을 올릴 수 있도록 합니다.

제2공구에는 철원을 중심으로 사슴과 노루 생태공원을 건설합니다. 자연 생태공원과 실내 생태공원을 건설하는 것입니다.

그뿐만 아니라 5만 관중의 체육관을 건설하여 프로 씨름 전용 경기장으로 활용하여 관광 상품으로 경제적 효과를 올립니다.

그리고 철원은 지리적 또는 역사적으로 금강산 관광의 전초 도시로 적절하여 관광용품 전시회 및 판매소 30여 곳을 설치하면 경제적 효과가 클 것으로 생각됩니다. 이와 함께 천 대 이상의 자동차 주차장을 건설하고, 각종 편의시설 50곳을 건설할 수 있습니다.

여기서도 모든 건설은 자율 입찰 경쟁으로 중소기업을 선발하여 육성·발전시키도록 합니다.

제3공구에는 양구를 중심으로 곰 생태공원을 건설합니다. 자연 생태공원과 실내 생태공원을 건설하는 것입니다.

그리고 5만 관중의 체육관을 건설하여 남북한 태권도 전용 경기장으로 활용하여 관광 상품으로 경제 효과를 극대화시킴니다.

남북의 태권도는 약간씩 다르기 때문에 연구 발표회를 갖고 하나의 태권도로 통일하여, 초·중·고등학교의 체육 시간에 태권도를 정식 수업, 필수 운동으로 법으로 제정함이 좋겠습니다. 또한 대한민국 국민이면 누구나 2급 이상의 실력을 쌓을 수 있도록 하여 국민 건강에도 효과가 있도록 합니다.

태권도의 시범 경기의 표준은, 이란을 태권도의 나라로 홍보하는 데 성공하고 돌아온 강신철 공인 9단 사범에게 맡기면 가장 바람직할 것으로 생각됩니다.

미국이 청바지와 코카콜라와 햄버거로 세계를 제패했다면, 우리나라는 김치와 태권도와 불고기로 세계를 제패할 수 있도록 개발하고 홍보할 필요가 있다고 생각합니다.

그리하여 세계 어느 나라든지 큰 도시에 가서 김치를 먹을 수 있고, 불고기를 먹을 수 있도록 하며, 태권도장이 서너 개는 꼭 있어서 우리 민족문화를 세계에 홍보도 하고, 수출도 하면서 경제 효과를 올리면 금상첨화가 따로 있겠습니까?

이렇게만 세계를 제패한다면 그야말로 세계 제2위의 경제 대국은 따 놓은 당상이나 다를 바 없는 격이 됩니다.

제4공구에는 고성을 중심으로 호랑이 생태공원을 건설합니다. 자연 생태공원과 실내 생태공원을 건설하는 것입니다.

밥상머리 교육

그리고 5만 관중의 체육관을 건설하여 우리 민족문화의 자랑이자 아름다운 의상 한복 패션쇼 전용 체육관으로 활용함이 바람직해 보입니다.

남북한의 한복 의상을 현실에 맞게 개량하고 외출복과 작업복과 운동복으로 나누어 연구·개발하여 의류산업을 일으키면서, 세계적 수준의 의류문화를 일으킵니다. 그리고 정부에서는 한복 차림의 관람객에 대해 고궁이나 공원 입장료를 50% 감면해 주는 등의 정책을 통해 한복 착용을 생활화할 수 있도록 합니다.

특히 결혼식 예복으로 입을 수 있도록 개량하여 모든 젊은이들이 한복을 입고 결혼식을 하는 것을 자랑으로 여기며 이러한 생각을 중국에까지 K-POP에 연결하여 홍보한다면 어떨까요? 중국의 15억 인구가 한복에 관심을 갖고 입기만 하면 그 경제적 효과는 엄청날 것으로 생각됩니다.

그리고 고성 지역 특성상 해상 관광자원을 활용할 수도 있습니다. 예를 들어 해수 온천장을 세계적 수준급으로 30곳 건설하여 관광 상품으로 활용한다면 경제적 효과가 극대화될 것입니다.

이와 같이 파주에서 고성까지 약 250㎞에 걸쳐 일주일 관광코스 또는 2박 3일 관광코스로 연구·개발함이 좋겠습니다. 이를 위해 파주에서 고성까지 전철을 건설하고 급행과 완행으로 운영하여 관광 시간을 조절할 필요가 있습니다.

그리고 제1공구에서 제4공구까지의 모든 관광객이 다니는 길의 가로수는 무궁화로 통일합니다. 무궁화는 꽃 중에서 가장 오래 피는 꽃 중의 하나로, 7월에서 11월까지 약 100여 일 이상 피는 것으로 알려져 있습니다.

이렇게 무궁화 꽃길을 조성하면 관광하고 집에 돌아와 사진을 보며 여기저기가 무궁화이니, 세계의 관광객 머릿속에 무궁화를 그려 넣어 준다면 배달민국의 선진화가 이루어지지 않을까요?

이를 통해 1인당 국민소득 5만 달러 시대가 되어서 2032년 올림픽 유치와 2040년경에 월드컵 축구를 유치하여 잘사는 배달민국, 예절 바른 배달민국으로 세계의 중심 국가로, 중국이나 일본이 영토를 빼앗거나 무역 전쟁을 일으키지 못하도록 앞서 나아갈 수 있겠습니다.

미래 육성 산업

그리고 또 해야 할 일이 있습니다. 그것은 바로 미래 육성 산업입니다.

첫째 인공지능 산업, 둘째 에너지 산업, 셋째 바이오산업입

　　　　　　　　　　　　밥상머리 교육

니다.

　인공지능 산업이 가장 많이 활용되기 때문에 인구가 가장 많이 살고 있는 서울·경기 지역이 합당할 것 같고, 새만금 산업에도 인공지능 산업을 육성·발전시켜서 지역 균형 발전에 노력하는 것이 좋겠습니다.

　그리고 평양을 중심으로 인공지능 산업을 일으키고 원산에는 관광 산업을 중점으로 하며, 함흥은 제철 산업과 선박 산업 육성에 적절하고, 청진과 성진 지역에는 에너지 산업과 바이오산업이 적절하다고 생각됩니다.

　그리고 창원·마산 지역은 이미 수출 자유무역 산업지대로 발전되어 있기 때문에, 그다음으로 신의주에 수출 자유무역 산업 관리국을 건설하면 중국에 수출하기 편리할 것입니다.

　그리고 나진 선봉 지역도 수출 자유무역 산업지대로 발전시켜 중국과 러시아에 수출을 많이 할 수 있도록 하며, 신의주와 선봉 산업 관리는 특히 유라시아 대륙 횡단 철도를 활용하여 수출 물량의 50% 정도를 운송할 수 있도록 한다면, 현재 운반비의 50% 이상 절약할 수 있을 것으로 예상됩니다. 대륙 횡단 철도는 시급한 건설 계획이니, 빠를수록 효과가 클 것입니다.

　따라서 중국과 몽골과 러시아와 의논하고 협약하여 2027년 경에는 우리 산업이 철도를 이용해서 유럽의 여러 나라에 수출

될 수 있도록 해야 합니다.

이와 같은 거대한 프로젝트로 완공만 한다면 경제 대국의 영화를 누릴 수 있을 텐데, 과연 누가 언제 시작하느냐가 중요합니다.

그러기 위해서 제1단계로 남북의 정상이 만나 평화협정과 불가침 조약을 체결하고 배달민족이 공동체 정신을 하나로 단결하는 것이 가장 중요합니다.

그러기 위해서 필자가 생각해 보건대, 지난 과거를 서로 용서하지 않고는 도저히 이루어질 수 없는 문제라고 생각합니다.

남아프리카 공화국의 만델라는 자기를 구속하여 무인도 감옥에서 27년 동안 암흑 생활을 하도록 한 주변인들을, 공자의 가르침과 부처님의 자비 정신과 예수님의 사랑하는 마음으로 역사에 묻어 버리고 큰 용서의 결심을 한 결과 대통령에 당선되고, 노벨 평화상까지 수상하는 영광을 누렸습니다.

이 사례를 보면, 우리 배달민국도 남과 북이 대치하여 서로 어렵게 살아갈 것이 아니라 과거의 잘잘못을 과감하게 역사 속에 묻어 버리고 오직 미래의 후손을 위하여 용서하고 남과 북이 얼싸안고 함께 번영의 길로 나갈 수밖에 없다는 절박한 의식이 필요합니다.

그러기 위해서 시민 콘서트와 동학사상으로 공동체 의식을

밥상머리 교육

배달민족으로 결합한다면 가장 현실적으로 바람직한 방법으로 생각됩니다.

우리가 언제까지 이렇게 분단된 상태로 어렵게 살아갈 수 있겠습니까?

하루빨리 대선 주자들께서는 필자의 이 거대한 구상을 연구하고 검토하여 실천할 수 있도록 계획을 세워 봅시다.

이 모든 건설과 통일이 될 때까지는 중간에서 중립을 지켜주어야 할 심판관이 필요한데, 유엔의 협조를 얻어 감독관을 설치한다면 어떨까요?

우리나라가 평화적으로 배달민국의 경제대국을 건설할 때까지 감독관이 상주할 수 있도록 하면 못 할 것이 없습니다.

그렇다면 현재로서 대선주자 중에 누가 이 거대한 프로젝트를 건설할 것인지, 온 국민의 지지를 받아 시행할 수 있도록 해야 합니다.

이번 총선에서 21대 국회가 열리면 가장 먼저 경제 번영의 길과 평화통일에 관하여 의논해야 합니다. 국회에 경제 발전 특위와 평화통일 특위를 발족하여 계획을 수립하여 공존하고 차기 대통령이 시행하도록 법제화시키면 됩니다.

필자가 조심스럽게 소견을 말씀드리면 과거 20여 년 전에 중소기업을 성공시켰던 경험자가 대선 후보 중에 한 사람 있는

데, 그분으로 하여금 달리기는 그만하시고 이제부터 시민 콘서트를 열어 각 지역을 순회하면서 경제 발전과 평화통일의 의지와 생각을 의논하고 제시하면서 철저하게 완성시킬 수 있다는 생각과 팀워크를 보여야 지지율이 40% 이상 오를 수 있다고 강력히 주장합니다.

각 분야별로 전문가를 초빙하여 함께 뜻을 같이하는 일이 가장 효과적인 방법으로 생각됩니다. 정치, 경제, 사회, 문화, 체육, 보건 등의 전문가를 초빙하여 참모진을 튼튼하게 구성해야 합니다.

기존의 청춘 콘서트를 거울삼아 이제는 수준과 시기에 맞추어 시민 콘서트로 하고, 주제는 평화통일과 DMZ의 평화 생태공원으로 핵심을 주어야 합니다.

자! 이제 무릎을 맞대고 가슴을 열고, 심사숙고하여 참모진을 구성해야 할 때입니다. 무엇이든지 앞서 나아가야 합니다. 이제는 양보하고 겸손해야 할 시간적 여유가 없습니다.

필자는 오직 밥상머리 교육으로 예의 바르고 올바른 민주시민 교육을 위해 열심히 노력하겠습니다. 그리고 나라의 미래를 걱정하겠습니다.

밥상머리 교육

일본을 이겨야 하는 이유

우리나라는 일본과 역사적으로

경쟁하면서 많을 것을 주었는데,

그들은 배은망덕하게 우리 한반도를 틈만 나면

노리고 쳐들어와 온갖 피해를 주었습니다

우리는 미래 산업을 하루빨리 육성·발전시켜

일본을 이겨야 하겠습니다

　가깝고도 먼 나라. 역사적으로 너무나 많이 경쟁하면서 우리는 많을 것을 주었는데, 왜놈들은 배은망덕하게 우리 한반도를 틈만 나면 노리고 쳐들어와 온갖 역사적·민족적 피해를 주었고, 괴롭게 노략질해 왔습니다.

　왜놈들은 오늘도 무엇이 욕심이 나는지 무역 보복을 일삼으며 터무니없이 독도까지 빼앗고자 온갖 거짓말과 날조로 우기고 있는 지금의 아베 정권을 보면 조금도 반성하는 기색이 없어 보입니다.

　언제 또다시 욕심과 야욕으로 쳐들어올지 모르는 이중적 민족성의 섬나라 왜적에게 다시는 거짓말에 속거나 유혹되어서는 안 되며, 전쟁이나 경제나 무엇이든 왜놈에게는 반드시 이

　　　　　　　　　　　　　　　　밥상머리 교육

겨야 합니다.

여기에서 역사적인 사실을 하나 말씀드려 볼까 합니다. 신라 경덕왕 때이니까 아마도 800년 전의 이야기입니다.

무엇이 왜놈들에게 약하게 보였던지 수천 명의 왜놈들이 현해탄을 건너 신라를 노략질하려 쳐들어왔습니다. 이에 조정에서 화랑도를 비상소집하여 군사 훈련을 시키고 왜놈들을 무찌를 준비를 하였습니다. 충담사라는 승려가 노래를 부르며 싸우면 더욱 단결하여 싸움에 이길 것이라면서 노래를 부르게 했습니다.

마침 왜놈들이 쳐들어오자, 별똥별이 하늘에서 길게 땅으로 떨어졌습니다. 이에 모든 신라인들은 불길한 징조임을 느껴, 쳐들어온 왜놈들을 무찔러야 한다고 화랑도들에게 응원을 보내기 시작했습니다.

불길한 징조를 없애고 왜놈들을 몰아내기 위해서 별똥별의 이름을 혜성으로 하여 〈혜성가〉라는 노래를 우리 군사들에게 가르쳤습니다. 그리하여 지금으로 말하면 군가라고 할 수 있는 〈혜성가〉를 부르며 신라의 군대를 일으켜 노략질하고 있는 왜놈들을 무찔렀습니다.

물론 처음에는 힘들었지만 한 번 기울기 시작하니까 그다음부터는 신라의 군대가 사기 충전하여 〈혜성가〉를 부르며 힘차게 그리고 당당하게 싸워서 물리치니, 이때에 우리 화랑도의 실력을 알고 그다음부터는 감히 쳐들어오지 못했다고 합니다. 이렇게 하여 〈혜성가〉를 왜적을 무찌르는 주술적 향가로 『삼국유사』에 지금도 전하고 있습니다.

두 번째 침략은 고려 말 우왕 때 일어났습니다. 당시 개경 조정에서는 우왕이 과연 공민왕 적자인가 아닌가에 대해서 대단히 논란이 있었다고 합니다.

공민왕은 금나라의 황제의 권유로 노국공주를 맞아 왕비로 정했다고 합니다. 그런데 공민왕이 40세가 다 되도록 자식을 낳지 못하자, 신돈이라는 떠돌이 승려가 버려진 여자아이를 성숙하도록 길렀다고 합니다. 그 여인이 반야라고 하는 여인입니다.

그리하여 신돈은 반야를 공민왕의 침실로 보내어 왕자를 생산하도록 시켰습니다. 이에 몇 달 만에 임신 소식이 있어 궁궐에 경사가 났습니다. 아니나 다를까, 10개월 만에 자식을 낳았는데 사내아이를 낳았으니 경사에 경사가 더하여 석삼일간 잔치를 했다고 합니다.

이렇게 하여 공민왕이 승하하자 왕위에 오른 왕이 우왕입니다. 이때 신하들 중에는 혹시 우왕이 신돈의 아들이 아닐까 하는 의심을 품는 자도 있었다고 합니다.

밥상머리 교육

신흥세력인 이성계 측에서는 아예 신돈의 아들이라고 생각하여 역성(易姓), 즉 성을 바꾸는 혁명을 계획하고 혁명을 일으켰습니다. 이에 고려가 멸망하고, 새 나라 조선을 건국하게 되었습니다.

　이때, 즉 '우왕이 공민왕 적자인가, 아닌가?'라는 논쟁이 벌어질 때, 백성들을 다스리는 데에 소홀히 했던 탓으로 전라도와 충청도에 가뭄이 심하여 흉년까지 겹쳐 살아가기가 매우 어려웠다고 합니다.

　이때를 왜놈들이 어찌 알고 지금의 금강 하구로 수만 명의 왜놈들이 노략질을 하러 쳐들어왔습니다.

　평화롭게 지내던 농민들이 아닌 밤중에 홍두깨 식으로 갑자기 난리가 나니 싸울 준비도 못한 채 마을의 집들이 불타고, 물건을 빼앗겼습니다.

　이렇게 온갖 노략질을 일삼아 공주 일대까지 동쪽으로 대전광역시까지 쳐들어올 때 조정에서는 젊은 이성계 장군을 왜구 토벌 장수로 임명하여 7천여 군사를 일으켜 병사들을 조직하였습니다.

　군사를 이끌고 지금의 대전광역시 유성구 일대에 당도한 이성계 장수는 그야말로 마을마다 불바다요, 길가에는 시체가 누워 있고, 온 동네가 아수라장이 된 처절한 광경을 우선 군사들에게 목격하도록 했습니다.

불타고 있는 집이며, 울고 있는 어린이들이며, 쓰러진 시체들을 목격한 결사대는 적개심이 솟고 사기 충전하여 어서 싸우자고 달려들어 노략질하던 왜놈들을 물리치기 시작하니, 왜놈들이 그때서야 불리함을 알고 도망가기 시작하였습니다.

지금의 논산 방향으로 도망가는 왜놈들을 뒤쫓아 지금의 논산 황산벌에 당도하니, 역시 여기도 마을마다 불타고 울며불며 길거리에 쓰러져 있는 시체가 널브러져 있어 말 그대로 아비규환 그 자체였습니다.

적개심으로 사기 충전된 결사대를 이끌고 명령을 내리니 하루가 못되어 한 마을을 무찔렀습니다. 이렇게 두 번째 마을을 무찌르니 왜놈들이 죽지 않으려고 걸음아 나 살려라 도망가기 시작했습니다.

그러한 왜놈들의 뒤를 쫓아 전주를 거쳐 남원에 이르니 옆 지리산 속으로 숨어 들어간 왜놈들까지 모두 섬멸하고 노략된 물건까지 빼앗았습니다.

그리고 이성계 장수는 남원에서 순천으로 넘어가는 외길 골짜기 고개에 우리 군사를 숨겨 놓고 왜놈들이 골짜기 고개에 들어왔을 때 위와 아래에서 매복해 있던 우리 군사로 하여금 양공작전으로 우물 안 쥐를 잡듯 완전 소탕하는 데 성공했습

밥상머리 교육

니다.

그 뒤 한동안 쳐들어오지 못하다가 우왕 말기에 또다시 이제는 남해안으로 쳐들어오려고 했으나, 이성계 장군이 미리 알아채고 대비하여 무찌르고 지금의 대마도까지 정벌했었다고 합니다. 그리하여 대마도에서 조선 초기까지 조공을 받았다고 합니다.

이렇게 따지면 대마도는 우리 땅이 됩니다. 사실 대마도는 일본 본섬보다 우리나라에 더 가까이에 있습니다. 맑은 날 부산에서 바라다볼 수 있는 거리라고 합니다. 심지어 닭 울음소리가 들리고 개 짖는 소리까지 들린다고 합니다.

그 후 고려의 서북쪽 거란과 홍건적은 최영 장군이 지키고 있고, 동북쪽은 이자춘이 지키고 있고, 3면의 바다는 화약을 만든 최무선 장군이 지키고 있어 국방은 튼튼했다고 합니다.

그런데 이게 또 웬일입니까? 1592년 임진왜란이 웬 말입니까?

그도 그럴 것이, 선조 임금은 일본을 몰라도 너무 몰랐던 것입니다. 오직 율곡 선생만이 짐작하고 있었을 뿐, 아무도 생각지 못했을 때 왜놈들은 여지없이 쳐들어왔습니다.

전혀 예기치 못하던 조정에서는 속수무책으로 쳐들어오는 왜놈들을 막을 방도가 없었습니다. 지방의 의병들이 왜놈들을 막아 보려 했지만, 중과부적하며 훈련 부족과 조총이라는 무기 앞에 패하기 일쑤였습니다.

그리하여 경상도가 왜놈들의 수중에 들어가니, 추풍령과 근령을 넘어 한양으로 돌진한다는 소식을 들은 선조 임금은 부랴부랴 피신 길에 올라 북으로 북으로 평양을 지나 압록강 상류의주까지 피신하였습니다. 이제 왜놈들의 말발굽 아래 짓밟혀 온 나라가 전쟁의 도가니에 허덕이게 되었습니다.

천만다행인 것은 이순신 장군이 선견지명하게 거북선을 만들어 수천 척의 왜선을 상대로 울돌목 명량해전에서 대승을 거두었다는 것입니다. 그제야 왜놈들이 패배를 인정하여 자기 나라로 도망치게 되었습니다.

이렇게 이순신 장군이 마지막 노량해전까지 우리나라를 승리로 이끌어 겨우 전쟁이 끝나기는 했으나, 7년 동안 파괴되고 잃은 문화재가 그 얼마인지 헤아릴 수가 없었다고 합니다.

우리가 승리했음에도 불구하고 왜놈들이 승리했다고 우기면서 돌아갈 때, 승리의 징표로 우리 조상의 코와 귀를 7만 개~8만 개를 잘라 소금에 절이고 말려서 일본 옛 수도 교토의 외곽에 묻고 이총이라고 부른다고 합니다.

지금도 교토 외곽에 이총이 있다고 하는데, 1990년 초에 우리의 뜻있는 유학자 선비들에 의해 일본 교토에 가서 이총에 묻혀 있는 우리 조상의 영령을 잘 모셔서 경상남도 어디쯤에

　　　　　　　　　　　　밥상머리 교육

잘 매장했다는 신문 보도를 읽은 적이 있습니다.

7년 동안 얼마나 괴로움을 당했는지 새로운 인사말이 생겼다고 합니다.

"어젯밤에 얼마나 욕보셨어요?"

'욕보이다'라는 말은 원래 여자가 남자에게 성폭행을 당하다는 뜻으로 쓰였던 말입니다. 이러한 인사말이 생길 정도로 왜놈들에게 살이 찢기는 아픔과 상처를 입은 우리 조상들을 생각하면, 저절로 피가 거꾸로 솟아 적개심이 일어납니다.

이렇게 처절하게 당했으면 항상 국방을 튼튼하게 해야 하는데, 조선 말에 나라가 어지러운 약점을 노리고 강화도를 쳐들어와 강제로 강화도조약을 맺어 놓고, 한 발 두 발 계획적으로 쳐들어오는 왜놈들을 막아 낼 힘도 없이 마침내 1910년 치욕의 한일합방이라는 강제 조약에 승인함으로써 우리의 조선이 송두리째 일본제국의 밥이 되어 36년간 그 어려운 고통을 당하게 되었습니다.

3·1운동 때 만세 운동을 하다가 일본 순사에게 잡혀 온갖 고물을 당한 후에 사형을 집행하는데, 마침 프랑스기자가 처형 장면을 찍은 사진 한 장이 1980년대 말에 3·1절 기념식 즈음하여 조선일보에 실린 것을 보고 또 한 번 놀랐습니다.

작두로 목을 잘라 처형하는 장면인데, 작두로 목을 자르면

잘린 머리통이 땅 위에 서너 번 뛰다가 죽는다고 합니다. 사진을 보니 작두로 잘린 머리통이 분명히 땅 위에 떠 있을 때 찍은 사진이었습니다. 작두로 목을 자른다고 생각만 해도 몸서리가 쳐짐을 느낍니다.

잔인무도한 왜놈들의 소행은 이뿐만 아니라 우리의 독립운동가 등을 교수형이나 총살형으로 처형했다고 합니다. 더욱 잔인한 것은 고문인데 뜨거운 물속에 머리를 넣어 숨을 못 쉬게 하는 고문, 고춧가루 고문, 잠 못 자게 하는 고문, 사방에 거울을 설치하여 정신착란증을 일으키게 하는 고문 등 그 수법도 다양한데, 가장 잔인한 고문이 전기 고문이라고 합니다.

우리 안중근 의사가 뤼순 감옥에서 전기 고문으로 고생했었다고 합니다. 유관순 의사는 뜨겁게 달구어진 인두로 등을 지졌다고 합니다.

이렇게 잔인하고 거짓말 잘하는 왜놈들의 민족성이 지금도 아베 정권에 남아 있어서 무역보복으로 우리의 경제를 어렵게 하고 있습니다.

다행히도 2년이 못 되어 일본으로부터 수입했던 모든 기계의 부속품의 70% 이상 국산화가 가능해졌지만, 앞으로 닥쳐올 미래 산업이 걱정입니다. 소위 인공지능 산업과 에너지 산업과 바이오산업으로 일컬어지는 미래 산업에 하루빨리 육성,

발전시켜 일본을 이겨야 하겠습니다.

그뿐만 아니라 왜곡하고 날조되는 일본의 역사관을 막아 낼 준비를 해서 독도를 지키고 우리 역사의 완전 독립을 이루어야 할 것입니다.

김구 선생의 公과 私

오늘날 지도자들은

재산 공개를 거짓으로 하며,

더구나 재벌들은

자식에게 재산을 물려줄 때

증여세도 아니 내니,

김구 선생의 공과 사를 분명히 하셨다는

그 말씀이 오늘을 사는 우리들에게

큰 감명과 함께 교훈이 되고 있습니다

1919년 상해에서 김구 선생을 주석으로 한 대한민국 임시정부가 세워져 기약 없는 독립운동에 들어갔습니다. 타국에서 가난한 나라 살림을 지키며 수많은 독립운동을 펼쳤습니다.

만주에서의 일본 제국주의자들과의 전투를 지원하고, 윤봉길 의사 외 수많은 독립투사를 지도하고 지원하여 독립운동을 도왔습니다. 수없이 많은 고난과 괴로움을 집어삼키며 자금책의 독립 운동가들이 목숨을 걸고 모은 자금을 아껴 써야 했습니다.

그러던 어느 해, 윤봉길 의사의 거사가 상해 공원에서 터지자 그 이튿 일본제국 주의자들의 괴롭힘에 견디기가 너무나도 힘들어 남경으로 이주를 해야만 했습니다.

　　　　　　　　　　　　　　　　　밥상머리 교육

이때 김구 선생의 둘째 아들 김신 장군의 나이 15세, 중학교에 입학할 당시 얼마나 가난했으면 신발이 없어 맨발로 다닐 때가 많았다고 합니다.

3살 위의 누나가 중학교(6년제) 4학년일 때 여름방학에 그만 열병(염병 장티푸스)에 걸려 앓아눕게 되었습니다. 그 당시 염병에 걸리면 치사율이 90%가 넘었다고 합니다. 그런데 치료비는커녕 약값도 없어서 죽기만을 기다리는 신세가 되었다고 합니다.

죽어 가는 누나가 너무 애처롭고 불쌍하여 어머니가 남편인 김구 선생께 죽어 가는 딸을 위해 약이라도 한번 써 보자고 하자, 김구 선생은 약 살 돈이 없다고 대답했습니다. 그러자 어머니가

"그렇다면 나랏돈이라도 임시로 빌려서 약을 사서 죽어 가는 딸을 먼저 살리고 빌린 돈은 나중에 갚으면 될 게 아니요?"

하니, 김구 선생은 더 큰 소리로

"안 된다니까요. 나랏돈은 한 푼도 나의 개인적으로 쓸 수 없습니다. 없어요. 알았습니까?"

라며 오히려 역정을 냈다고 합니다.

그리하여 김신 장군의 누나는 염병이 더욱 악화되어 결국 그해 겨울에 세상을 떠나고 말았습니다. 이때 가족들이 얼마나

슬피 울었던지, 임시정부 요원들이 이구동성으로 함께 슬퍼하며 떠나는 날 온 동네가 울음바다였다고 합니다.

이 이야기는 2002년 10월 3일 김포에서 남경으로 가는 비행기 안에서 필자가 김신 장군으로부터 직접 들은 이야기였습니다.

2002년 10월 5일이 남경중학교(6년제) 100주년 기념일입니다. 필자가 근무했던 단대부고와 남경중학교가 자매결연학교이기 때문에 남경중학교의 100주년 행사에 교장 선생님을 초대하였는데, 마침 몸살감기가 심하셔서 가시지 못하게 되었습니다.

그래서 교장 선생님 대리 특사자격으로 조 선생과 함께 기념행사에 참석하고자 김포공항에 도착하니, 김신 장군께서 벌써 오셔서 필자를 기다리고 계셨습니다. 그 당시 82세의 연로하심에도 불구하고 건강해 보였습니다.

좌석을 김신 장군께서는 앞쪽 비즈니스석 2번에 앉아 계시고 조 선생과 필자는 비행기 중앙에 자리 잡아 앉아 있는데, 김신 장군께서 직접 오셔서 필자와 같이 앉아 가도 된다고 허락을 받았으니 비즈니스석으로 오라고 하셔서, 덕분에 비즈니스석 3번에 앉아 김신 장군과 이야기를 나눌 수 있었습니다.

3년 전, 79세의 연세에 히말라야 500m 고지까지 등산하고 온 적이 있었다는 이야기를 통해 건강에 대하여 등산을 하시는

밥상머리 교육

것을 알았고, 30대 초반에 미국 공군 사관학교에 진학하여 우리나라 최초로 전투기 조종사 교육을 받았다는 이야기도 들었습니다.

그리고 이어서 프랑스 공군 사관학교에 가서 전투기 조종사 교육을 본격적으로 받은 바 있었다고 하시며, 1970년대에 10월 1일 국군의 날 비행 쇼의 하나로 김신 장군께서 전투기 조종사로 참가했었다는 이야기도 들었습니다. 참으로 대단했습니다.

그리고 앞서 말씀드린 누나의 죽음에 대하여 말씀하실 때는 눈물을 글썽이셨습니다.

김구 선생께서는 『백범일지』에서 나의 소원이 무엇이냐는 첫 번째 질문에 나의 소원은 대한의 독립이라 대답하셨고, 두 번째 소원은 무엇이냐 질문하면 두 번째 소원은 대한의 완전한 독립이라고 대답했습니다. 그 말씀이 귓가에 쟁쟁하게 들려오는 듯합니다.

그러니까 김구 선생의 모든 소원은 오직 대한민국의 독립이었음을 알 수 있습니다.

그 이후 김신 장군도 2017년 96세의 연세로 세상을 떠나셨습니다.

이 글을 쓰면서도 김구 선생께서는 대한민국 임시정부의 주석으로서 공과 사를 분명히 지키신 분이었음을 알 수 있었습니다.

그런데 오늘날 지도자들은 당연히 내야 할 세금도 아니 내고, 재산 공개를 거짓으로 하며, 더구나 재벌들은 자식에게 재산을 물려줄 때 증여세도 아니 내고, 상속세도 내지 아니하니, 김구 선생의 공과 사를 분명히 하셨다는 그 말씀이 오늘을 사는 우리들에게 큰 감명과 함께 교훈이 되고 있습니다.

우리 밥상머리 교육 가족 여러분. 우리 가족은 절대로 나라의 세금을 속이지 않기로 하시고, 자식에게도 납세 의무를 잘 지키도록 가르칩시다.

무궁화 12편

성적 타락시대에
대하여

가정을 지켜서 행복을 찾고,

인구 절벽도 막아 내어 다 같이 잘 사는

행복한 사회와 나라를 만들어야 합니다

이를 위해 삼강(三綱) 이야기를

밥상머리 교육을 통해 잘 가르쳐서

자식 농사에 큰 보람과 행복이 넘쳐나길 바랍니다

　지금 미국이나 유럽의 선진국에서 청소년들이 성 자유를 부르짖으며, 성적 충동을 느꼈을 때 참지 말고 상대 이성만 있으면 성교를 할 수 있다고 주장하는 불량배 집단이 늘어 가고 있다고 합니다.

　동성연애는 공식화된 지 오래전이고, 성교의 자유를 누리자는 이야기인데 이렇게 되면 성적 타락으로 인하여 가정 파탄과 사회의 근본이 흔들려 나라 전체가 성적 타락의 시대에 휘말려 그야말로 인간 말세로 치닫는 느낌을 받기에 충분합니다.

　우리나라에도 서울의 강남을 중심으로 어느 일각에서는 결혼 전 성교를 찬성하는 집단이 있다는 이야기를 들은 적이 있습니다만, 과연 결혼 전의 성교가 정상적인지는 우리 민족의 전통으로 비추어 볼 때 받아들이기 어려운 관계라고 할 수밖에 없습니다.

필자의 생각으로는 한 남자와 한 여자가 서로 교제를 통하여 서로 사랑의 마음이 상통하고 이 사랑이 더욱 짙어져서 헤어질 수 없이 사랑스럽게 생각될 때 서로의 사랑을 확인·고백하면서 결혼을 약속하는 약혼을 거쳐 결혼으로 이루어져 하나의 가정이 이루어지는 것이 자연스러운 사랑이라고 알고 있습니다.

그런데 요즘 대중가요에 "연애는 필수, 결혼은 선택"이라는 노랫말이 있을 정도로 세대의 의식이 많이 바뀌었습니다.

사랑은 어디까지나 순수해야 합니다. 그래야 영원한 사랑으로 오래 지속할 수 있습니다.

그렇지 아니하면 쉽게 사랑하고, 쉽게 헤어져 서로 후회하며 아파하고 상처를 갖고 외로운 삶을 살 수있습니다.

그리하여 필자는 성적 타락시대를 적극 반대합니다. 가정은 지켜서 행복을 찾고, 인구 절벽도 막아 내어 다 같이 잘 사는 행복한 사회와 나라를 만들어야 합니다.

그리하여 해묵은 옛날이야기 같지만 현재에도 깊은 의미가 있는 삼강(三綱) 이야기를 하려고 합니다.

1. 君爲臣綱(군위신강) : 임금은 신하의 벼리가 된다.

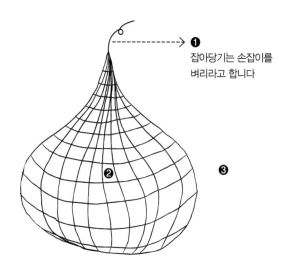

잡아당기는 손잡이를
벼리라고 합니다

2. 父爲子綱(부위자강): 아버지는 자식의 벼리가 된다.

3. 夫爲婦綱(부위부강): 남편은 아내의 벼리가 된다.

위 그림은 후릿그물을 그린 것입니다.

1번은 벼리라고 하며, 주인이 그물을 잡기 위한 부분입니다. 2번은 그물 안에 물고기가 들어 있으며, 3번은 그물 밖이 됩니다.

군위신강(君爲臣綱)에서 임금은 지도자, 즉 대통령에 해당됩니다.

그러니까 대통령은 국민들의 지도자로서 미래의 비전을 제

밥상머리 교육

시하고 추진하여 국민들을 잘 살 수 있도록 이끌어야 할 책임과 의무가 있으며, 국민들은 대통령이 이끄는 방향으로 지지하고 도와 가면서 다함께 잘 사는 방향으로 자기에게 주어진 할 일을 열심히 해야 합니다.

부위자강(父爲子綱)에서 아버지는 가족들과 자식들의 비전을 제시하여 추진하고 행복하게 잘 살아가는 방향으로 이끌어야 합니다.

가족들은 아버지가 이끄는 방향으로 잘 따라서 자기의 맡은 일을 충실히 해야 합니다. 만약 주어진 일을 하기 싫어서 포기하거나 집 밖으로 나가면 가정의 규칙을 어겨 그만큼 벌칙을 받을 수 있습니다.

부위부강(夫爲婦綱)에서 남편은 아내의 지도자가 될 수도 있고, 경우에 따라서는 아내가 남편의 지도자가 될 수도 있습니다.

둘 중에 한 사람이 지도자가 되어 미래에 비전을 협의하고 결정하여, 가정이 화목하고 즐겁게 잘 살 수 있도록 자기에게 주어진 일을 열심히 해야 합니다. 여기서 자기의 할 일을 하지 않고, 집 밖으로 나돌거나, 유흥가로 나가면 가정의 규칙을 어기는 결과가 되기 때문에 가정이 흔들리거나 파탄이 될 수도 있습니다.

'百忍堂中有泰和(백인당중유태화)'란 말처럼 서로 참고 또 참으

며 어려운 상황을 이겨 내고 가정을 화목하게 만들어 나아가야
합니다.

그러므로 대통령은 대통령의 할 일을, 국민들은 국민들이
할 일을 자기의 위치에서 충실히 할 때 나라도 잘 살게 되고,
가정도 화목하게 되어 누구나 행복한 사회를 이룰 수 있다는
뜻의 三綱(삼강)이니 어찌하여 옛날의 낡은 사상이라고 마구
버릴 수 있단 말입니까?

지혜롭게 해석하여 현실에서 충실하고 아름답게 활용할 수
있는 이렇게 훌륭한 말씀을 밥상머리 교육 여러분들은 자식들
에게 잘 가르쳐서 자식 농사에 큰 보람과 행복이 넘쳐나길 바
랍니다.

그러므로 三綱(삼강)의 실천만으로도 성적 타락시대를 충분
히 이겨 낼 수 있으리라고 생각합니다.

나라를 살리고, 가정을 살리고, 가족의 행복을 살려서 잘 사
는 완전 배달민국을 건설해야 하겠습니다.

밥상머리 교육

장자 이야기

장자는 읍내에 있는 모임에 참석하러 가는 길에

애벌레를 먹으려는 사마귀가 오히려

까마귀에게 먹히는 장면을 목격했습니다

사람은 지나치게 먹을 것과 물건에 욕심을 부리다가

패가망신할 수 있다는 깨달음입니다

    사람이 살아가는 데 꼭 필요한 것이 의식주입니다. 입고, 먹고, 살 곳이 있어야 살아갈 수 있습니다.

    그렇다고 해서 "의식주만 있으면 행복할까요?"라고 질문한다면 단연코 "아니요."라고 답하며 부족한 것을 생각할 것입니다.

    그 부족한 것 중에서 가장 중요한 것이 무엇일까요? 이에 대해 러시아의 작가 톨스토이는 '사랑'이라고 했습니다.

    필자도 여기에 찬성하는 바이며 사랑이 얼마나 소중한 것인지 조금만 말씀드리면, 아버지가 자식을 사랑하고, 어머니가 사랑으로 가르치고 길러 주시며, 가족 모두가 사랑으로 맺어 살아갈 때 진정한 행복한 가정과 즐거운 나의 집이 될 수 있다

밥상머리 교육

고 생각합니다.

이러한 가정이 즐겁고 행복한 나의 집이 될 때, 사회도 나라도 잘 사는 나라가 되리라 생각합니다.

이제 장자의 이야기를 통해 '잘 사는 나라'에 대해 생각해 보는 시간을 갖도록 하겠습니다.

장자가 하루는 읍내에 나가기 위해 아침 일찍 집을 나섰습니다. 읍내에 가는 길에는 큰 고대광실 같은 부잣집을 지나야 합니다. 그리하여 장자는 그 부잣집 울타리 옆으로 난 길을 따라 읍내로 가다가 부잣집 울타리의 무엇이 장자의 시선을 끌어 발길을 멈춰 섰습니다.

가만히 들여다보니 사마귀 한 마리가 큰 앞다리로 살금살금 앞에 있는 애벌레를 향하여 잡아먹을 듯이 노리고 있었습니다.

그러나 곧바로 잡아먹지 않고, 얼마동안 가만히 노리고만 있어서 무엇을 하는가 생각해 보아도 이해가 잘 되지 않아, 조금 더 바라보니 고래를 갸우뚱거리기 시작했습니다.

생각하기에는 먹이를 앞에 놓고 침을 삼키며 먹이를 보면서 사마귀가 혼자 즐기고 있는 것 같았습니다. 사마귀는 애벌레라는 먹이에 정신이 팔려 꼼짝도 하지 않고 애벌레만 노리고 있습니다.

아, 그런데 사마귀 위에는 까마귀 한 마리가 사마귀를 잡아

먹을 듯이 사마귀를 노리고 있지 않습니까? 하도 재미있어서 조금 더 지켜보고 있노라니 드디어 사마귀가 애벌레를 날름 큰 앞다리로 움켜쥐어 잡아먹고 있습니다. 아주 맛있게 먹고 있을 때, 그만 까마귀가 사마귀를 애벌레째 송두리 잡아먹어 버렸습니다.

이 광경을 보면서 장자는 생각했습니다. 사람도 이와 같이 오직 먹이만을 잡아먹으려고 하다가 더 큰 사고를 당하거나 죽게 되는 경우가 있는 것 같다고 말입니다.

재미있게 생각하고 갈 길을 재촉하여 읍내에서 열린 모임에 참석한 후, 돌아오는 길에 또 부잣집 울타리에 있었던 사마귀와 까마귀를 생각해 보며 건넛마을 김 첨지 이야기를 떠올렸습니다.

건넛마을 김 첨지가 남의 곡식을 훔치려다가 주인에게 들켜서, 마을의 회의에서 이제 더 이상은 도둑놈과 우리 마을에서 같이 살 수 없다면서 곡식을 도둑질하다가 들킨 김 첨지네를 몰아내기로 했습니다.

잘 살던 김 첨지는 남의 곡식을 욕심 부리다가 마을에서 쫓겨나면서, "10년 공부 나무아미타불"이라고 말하면서 마을에서 쫓겨났다고 합니다.

김 첨지가 말한 "10년 공부 나무아미타불"이란 말은 조선시

밥상머리 교육

대 중종 때, 거성에서 제일 큰 절의 주지승 지족대사가 기생 황진이에게 유혹되어 쥐도 새도 모르게 성관계를 가졌다가 마을 사람들에게 발각되어 30년 동안 불교에 입문한 공로가 하루아침에 수포로 돌아가 주지승에서 쫓겨나며 했던 말입니다.

당시 "30년 공부 나무아미타불"이라고 말한 것이 와전되어, 오늘날에는 "10년 공부 도로아미타불"이란 말로 전해지고 있습니다.

이 이야기를 통해 사람은 지나치게 먹을 것과 물건에 욕심을 부리다가 패가망신할 수 있다는 장자의 가르침을 깨달을 수 있습니다.

밥상머리 교육으로
노벨상 지름길?

세계 각지에서 온갖 수모와

괴롭힘을 당하면서 살아온 유대 민족이

가장 많은 노벨 수상자를 배출하고 있습니다

그 원인은 어디에 있을까요?

여러 원인이 있겠지만 가장 큰 원인은

가정에서 이루어지는 밥상머리 교육이라고 합니다

　세계적으로 우수한 민족으로 유대 민족, 독일 민족과 한국 민족이 알려져 왔습니다. 그러나 최근에 이 순서가 완전히 바뀌어 한국 민족, 유대 민족, 독일 민족 순서로 알려지고 있습니다.

　현재 이스라엘, 즉 유대 민족은 1945년 2차 세계대전이 끝나기 전까지 약 2000여 년간 나라도 없이 세계 여러 지역으로 떠돌아 살았던 비참한 민족입니다.

　특히 2차 세계대전 때 독일에 살았던 유대 민족은 고리대업 종사자가 많아 잘 살고 오히려 독일 민족이 가난하다는 이유로, 히틀러는 유대 민족을 차별하기 시작합니다.

　급기야는 유대 민족에 대한 학대로 정책을 바꾸더니, 2차 세

　　　　　　　　　　　　　　밥상머리 교육

계대전 말기에는 전쟁의 책임을 유대 민족에게 뒤집어씌워 학살을 하기 시작했습니다.

지금도 폴란드 아우슈비츠에 있는 유대인을 학살했던 감옥과 사형장과 그 유물과 학살당한 현장이 그대로 보존되어 관광지로 활용되고 있습니다.

필자도 10여 년 전에 폴란드 유대 민족 학살 현장, 형무소, 아우슈비츠를 다녀온 적이 있습니다.

현장을 견학하고 필자는 많이 놀랐습니다. 설명에 의하면 유대 민족에게 전쟁을 하지 않도록 해 주겠다며 유인하여 한 줄로 세우고 하나씩 둘씩 형무소에 들어가기 전에 귀중품과 소지품을 모두 나치의 졸개들에게 맡기고 형무소로 들어가게 했다고 합니다.

학살하는 방법은 목욕탕으로 위장한 독가스실에 머리까지 삭발시켜 목욕실에 30명씩 또는 50명씩 가두어 잠그고 독가스를 품어 질식시켜 죽였다고 합니다.

그런데 유대 민족을 한 줄로 세우고, 유인하고, 형무소로 보내고, 머리를 깎고, 거짓 목욕실에 들어가도록 채찍질하는 졸개들이 모두 유대인이었다고 합니다. 그러니까 유대 민족으로 하여금 유대 민족을 학살하도록 유인한 것입니다.

예를 들면 유대 민족 형무소의 학살하기까지 일을 도와주면 죽음을 면할 수 있고, 전쟁에도 나가지 않게 해 주겠다고 거짓말로 유인하여 철저하게 유대 민족으로 하여금 유대 민족을 잔인무도한 방법으로 학살했다 합니다.

거짓 목욕실에서 학살당한 시체는 곧바로 유대인들에 의해서 목욕실 바로 옆의 화장터로 끌어다가 화장을 시켜 재로 만들어 하늘로 날렸다고 합니다. 그 화장터가 목욕실 옆에 3개가 있었습니다. 이렇게 하여 유대 민족 60만 명이 학살당했다고 합니다.

이와 같이 세계 각지에 살았던 유대 민족은 온갖 수모와 학살과 괴롭힘을 당하면서 살아온 민족이니, 살아야 한다는 생존 의지가 다른 민족보다 월등이 강한 민족으로 살아가게 되었습니다.

그리하여 유대 민족은 어디를 가든지 살아야 한다는 강한 의지로 공부도 하고, 일을 하면서 철저하게 사람을 사귀고, 논쟁으로 이기며, 재산을 많이 축적하여 서로 돕고 살아가는 협동심도 아주 강하게 되었다고 합니다.

우리 민족도 역사적으로 외침을 수없이 당하면서 삶에 대한 의지가 강한 민족으로 살아온 민족입니다. 중국으로부터의 침략, 일본으로부터의 침략을 막아 내면서 민족과 나라를 이만큼 지켜 온 나라가 세계에서도 우리 민족이 유일하다고 합니다.

그러하기 때문에 한강의 기적을 이루고, 영토는 좁지만 강한 의지와 우수한 두뇌로 반도체 산업과 IT 산업에서도 세계에서 우수한 실력을 가지고 있습니다. 그리고 의술 또한 세계에서 우수한 실력을 가지고 있음은 우연한 일이 아닙니다.

유대 민족이 2차 세계대전이 끝나면서 유엔과 미국의 도움으로 유대 민족의 옛 땅에 나라를 세워 400만 유대인이 그 척박하고 메마른 땅에서 농사를 지어 자급자족은 물론 수출까지 한다고 합니다. 그 지역을 관광해 본 사람이 '이러한 불모지에서 어떻게 살아갈까?' 걱정을 많이들 하는 것을 볼 수 있습니다.

유대 민족은 몇 천 년을 그 메마른 땅을 개척하여 자급자족을 하면서 살아가고 있는데, 1970년대에 이스라엘 지역에서 살았던 팔레스타인 민족이 자기가 살았던 땅을 되찾고자 전쟁을 일으켰습니다. 이는 마침내 지역 전쟁으로 확산되어 400만 이스라엘과 2억이나 되는 아랍권 나라와 큰 전쟁이 일어났습니다.

이 전쟁을 걸프전쟁 또는 오일전쟁이라고도 합니다. 객관적으로 생각하면 400만하고 2억의 인구가 싸우면 당연히 2억의 인구가 이겨야 하는데, 단 6일 만에 400만 인구인 이스라엘의 승리로 끝났습니다. 그래서 '6일 전쟁'이라 명명하게 되었습니다.

모든 면에서 열세인 이스라엘이 승리한 원인은 몇 가지로 요약되는데, 그 첫째가 단결입니다. 특히 미국에 살고 있는 유대 민족이 단결하여 고국 돕기 운동을 펼쳤습니다.

유대 민족의 청년들이 앞장을 서서, 너도 나도 고국으로 돌아가 참전하겠다고 외쳤습니다. 이렇게 수만 명의 유대 민족 청년이 고국의 전쟁에 참전하게 되면서 미국의 첨단 무기를 앞세워 싸우니 2억이나 되는 아랍 민족들을 압도적으로 승승장구하여 그만 6일 만에 완전한 승리로 끝나고 말았습니다.

떠도는 말에 의하면 미국 경제의 70% 이상은 유대 민족이 가지고 있고, 정치적 영향력도 70% 이상 가지고 있다고 합니다. 과연 세계 제1의 막강한 경제 대국 미국을 움직이는 사람은 유대 민족이라는 말이 정확하다고 보입니다.

지금의 요점은 노벨 수상자 중에서 유대 민족이 가장 많이 배출되고 있다는 사실입니다. 그렇다면 그 원인은 어디에 있을까요?

여러 원인이 있겠지만 가장 큰 원인은 가정에서 이루어지는 밥상머리 교육이라고 합니다.

유대 민족은 가족끼리 저녁 식사만큼은 집에서 가족과 함께 한다고 합니다. 웃어른께서 대화의 실마리를 질문 형식으로 말씀하시면 자식들이 생각하고 자기의 생각을 대화로 즐겁게

　　　　　　　　　　　　　　밥상머리 교육

대답을 한다고 들었습니다.

　대화의 내용은 다양하고 유익한 것도 많이 있어서 몇 년을 계속하면 온 가족이 상당히 높은 수준의 지식인이 된다고 합니다.

　여기에서 예절도 가르치고, 법질서를 잘 지켜야 한다는 것을 배우며, 정치·경제·사회·문화 등 모든 이야기가 식사를 하면서 대화의 장이 이루어진다고 합니다.

　특히 학교 수업까지도 대화의 형식과 논쟁의 형식으로 진행된다고 합니다. 그리하여 어디서나 자기 생각을 조리 있게 잘 표현하고, 논쟁을 잘하기로 유명한 민족이 될 수 있었던 것입니다.

　이렇게 다져진 유대 민족들이 어떤 일에 몰두하여 깊이 있는 학문으로 발전하여 세계인들을 깜짝 놀라게 할 만한 이론이나 사상을 만들어 낸다고 합니다.

　그러므로 밥상머리 교육 가족 여러분, 이쯤 되면 필자가 쓰고 있는 이 글이 얼마나 중요하고 멋진 글인지 알 수 있을 것으로 생각됩니다.

　아무쪼록 밥상머리 교육을 잘 가르치시어 훌륭한 자식 농사를 지으시길 기원하겠습니다.

무궁화 15편

밥상머리 교육의
총정리

태교에서부터 단계별 정리를 통해

밥상머리 교육의 핵심을 말씀드리고자 합니다

자식 농사 잘 지으려면 태교에서부터

정성과 사랑으로 가르쳐야 합니다

그리고 앞으로의 학습을 위해 자기 주도 학습으로

실력을 쌓는 것이 원칙입니다

　이제 태교에서부터 전체적으로 단계별 정리를 통해 밥상머리 교육의 중요한 핵심을 말씀드리고자 합니다.

　태교는 중국 무왕의 어머니 태임으로부터 시작되었다는 기록이 있습니다. 우리나라에서는 신사임당이 결혼 후 첫 임신을 했을 때 중국 역사를 공부하던 중 태임의 태교를 배우고 태임을 스승으로 삼고자 신사임당이라 이름까지 지으면서 태교에 정성을 들여 태어날 아기의 정신적·신체적 발육을 위하여 태교를 하였습니다.

　그렇게 태어난 아들이 그 유명한 성리학의 대가요, 신동이요, 효자요, 수많은 글을 남긴 학자로서, 우리나라 대표적인 훌륭한 학자 율곡 이이였음을 여러분도 익히 알고 있으리라 생각됩니다.

그보다 앞서 중국 무왕의 어머니 태임은 태교를 정성들여 한 결과 훌륭한 두 아들을 얻었으니 그가 바로 공자의 스승이었던 자공이고, 주나라를 세운 무왕입니다.

이러하기 때문에 밥상머리 교육 가족 여러분께서는 자식 농사 잘 지으려면 태교에서부터 정성과 사랑으로 가르쳐야 하는 것을 이제 확실히 알았으리라고 생각합니다.

그러므로 태교는 자식 농사에서 첫 번째로 중요한 교육인 것입니다.

이제는 유치원 교육이네요. 가정에서나 유치원에서나 예절 교육과 법질서 교육이 가장 중요합니다. 이 시기에 습관화된 가치관이 평생을 좌우합니다. 그만큼 예절 교육의 습관화가 중요합니다.

그리고 체력 단련입니다. 100세까지 건강을 유지하려면 하나의 운동을 선택하여 평생 꾸준히 노력해야 합니다. 하루라도 운동을 안 하면 밥맛이 없을 만큼 매일 습관화를 들여 체력 단련을 해야 합니다.

이왕이면 태권도를 하여서 모든 운동의 중심이 되는 순발력을 기르고, 심사를 통해 유단자가 되면 여러 학교나 직장에서 가산점이 있어서 효과적이고, 학습에 실력이 부족할 때 태권도를 직업으로 삼을 수도 있으니 여러모로 유익한 운동이라 할 수 있습니다.

앞으로 통일이 이루어지면 통일된 태권도가 전국적으로 많은 지지를 받으며 민족의 운동으로 발전될 가능성이 아주 높다고 볼 수 있습니다.

그러므로 유치원 시기에 중요한 것은 예절 교육과 법질서 교육의 습관화와 체력 단련으로 태권도가 바람직한 운동이라고 정리할 수 있습니다.

이제 대한민국 국민으로서 민주시민이 공통적으로 가져야 할 기초 지식의 단계가 초등학교 시기입니다. 앞으로의 공부 학습을 위해서 스스로 계획하고 연구하는 자기 주도 학습으로 실력을 쌓아 가는 것이 원칙입니다. 경우에 따라서 부족한 것은 학원에서 보충할 수도 있습니다.

학원에도 두 종류가 있습니다. 보통 우리가 말하는 선행학습 또는 완전학습이라 해서 학교의 학습을 대신 수업하는 학원과 수준 높은 전문가에게서 기초부터 배우는 예체능 학원이 있습니다.

예체능은 어릴수록 능력이 빨리 발전된다는 학설이 있습니다. 운동이나 미술, 음악은 어려서부터 뛰어난 능력이 있는 전문가의 지도를 받아 기본기부터 잘 다져 성공할 때까지 수업을

밥상머리 교육

받는 예체능 학원에 다녀야 합니다. 그야말로 사부님을 모시고 평생 공부하는 관계입니다.

중학교 과정은 직업 선택의 갈림길에 선 시기로, 고등학교 진학을 결정해야 합니다.

또한 사춘기를 맞이하여 큰 문제없이 슬기롭게 성에 관한 올바른 가치관을 갖도록 학습하여 평생 이성 간에 문제가 발생하지 않도록 태도를 분명히 하고 몸조심하여야 하는 시기입니다. 혹여나 실수로 인하여 사회적 문제가 되지 않도록 성교육이 필요합니다. 최근에는 부산시장이 성 추문으로 사퇴했습니다.

자기의 적성에 맞게 인문계와 자연계를 선택하고, 국어, 영어, 수학을 중심으로 실력을 쌓아야 합니다. 그리고 시간 여유가 있을 때 한석봉 천자문을 익히고 암기하면 차후에 큰 효과가 있습니다.

중간고사와 기말고사, 즉 학교 시험 성적을 잘 받아서 원하는 고등학교에 진학할 수 있도록 준비합니다.

인문계 고등학교, 특성화 고등학교, 기술 고등학교, 직업 교육 고등학교 등이 있으니 선택하여 준비를 합니다. 기숙사가 있는 고등학교에는 마산고, 순천고, 공주사대부고, 공주 한일고, 안양고, 부천고 등이 있으며, 포항 제철고, 충남 당진 합덕 제철고와 해녀 고등학교, 골프 고등학교 등이 있으며, 공군 기술학교도 있습니다.

자기의 능력과 환경에 따라 선택하여 진학해야 합니다.

대부분 중학교 시기에 사춘기를 겪게 되어 성교육에 대한 특설교육을 찾아 듣고, 없으면 백과사전에서 배우고 익혀서 성에 대한 올바른 가치관을 가져야 합니다. 사춘기에는 성에 대한 생각을 하루에 12시간 이상씩 한다고 한 심리학자가 말했습니다.

사춘기 시기에는 성에 관한 것이 인생에서 가장 중요한 것이라 생각되지만, 사실 성에 관한 것은 인생의 30%도 안 되는 것 같습니다. 이성 교제나 성에 대한 음란물을 멀리할수록 학업에 도움이 되는 것은 사실입니다. 이성에 많은 시간을 낭비하지 않도록 주의해야 합니다.

그리고 스마트폰이나 게임 등에 중독되지 않도록 해야 하며, 하루에 4시간 이상 사용하지 않도록 주의해야 합니다.

이제 고등학교 시기로 넘어오면, 그야말로 고등학교 3년을 전 인생을 좌우할 수 있는 3년이라고 생각해야 합니다. 그러니만큼 자기 능력의 최선을 다하여 노력해야 함은 당연합니다.

1학년 중간고사, 기말고사는 물론 모의고사, 자율학습, 오답노트 활용해야 하며, 6시간 이상 자면 실패할 수도 있습니다. 대체로 밤 12시에 자서 아침 6시에 일어나는 것이 보통의

밥상머리 교육

학생들입니다. 그리고 학습 시간에 얼마나 학습에 집중하느냐가 관건입니다.

"精神一到 何事不成(정신일도 하사불성)"

정신을 집중하여 학습하면 모든 일을 이룰 수 있다는 뜻입니다. 확실히 맞는 말씀입니다. 시간의 차이만 있을 뿐입니다.

토끼 스타일보다는 거북이 스타일이 성공의 확률이 높다고 합니다. 토끼에게는 거북이가 자신이 이겨야 할 목표 대상이지만, 거북이에게는 결승전이 목표 대상이라는 말이 있습니다. 그렇기 때문에 생각의 차이로 거북이는 느리지만 꾸준히 노력하여 결승점에 도착한 것이라고 합니다.

따라서 여러분도 이겨야 할 목표의 대상을 옆 친구로 삼지 말고, 수능시험 결과나 대학 입시를 목표 대상으로 삼는 것이 바람직하다고 볼 수 있습니다.

그리고 시험 공부하는 방법은 앞서 말씀드린 대로 참고하시고, 기타 2학년, 3학년에 중요한 것도 앞부분을 참고하시면 됩니다.

이제 대학에 입학했다면, 학점 관리와 독서와 체력 단련에 힘써야 하며, 많은 체험도 필요합니다.

학점 관리는 평균 4.1점 이상 받을 수 잇도록 하여 장학금도 받고, 입사 시험 때 가산점도 받으면 일거양득입니다.

그리고 『고문진보』, 『손자병법』, 『나폴레옹』 책을 읽고 현실에 적용하면 바람직할 것입니다.

밥상머리 교육

　밥상머리 교육에 대한 책을 마치려고 하니, 문득 마지막으로 드리고 싶은 이야기가 하나 떠오릅니다.

　1960년대 신동엽 시인의 불후의 명작 「껍데기는 가라」라는 시에 관한 이야기입니다.

　이 시의 핵심은 남북이 화해를 통해서 신랑과 신부가 초례청에서 서로 만나 화해하고 용서하면서 백두에서 한라까지 배달민족의 마음을 합하여 통일을 소원하는 내용으로 되어 있습니다.

　여기서 필자는 배달민족과 통일에 공감하며, 제목의 껍데기는 과연 무엇을 의미하는 것일까 하는 의문을 품게 되었습니다.

　그것은 이 시의 내용으로 보아, 작가의 같은 소원하는 마음자세로 볼 때 껍데기는 외세의 뜻으로 해석됩니다. 그러니까 멀리 거슬러 올라가서 고려시대에서부터 조선시대에 이르기까지 외세라고 하면 즉 사대주의를 의미합니다.

이 사대주의의 위축된 생각과 중국의 왜곡되고 날조된 역사관에 유혹되고 너무나 믿고 숭상한 결과, 우리 민족 전통을 모르고 편협한 생각으로 우리의 역사를 지나치게 가볍게 여겼던 것이 사실입니다.

최근에 밝혀진 바에 의하면, 고려 말에 이암 선생의 배달민족의 우리 역사가 발견되고 연구되어 조선 초기의 이방원, 즉 태종의 원천석 선생으로 우리 역사(고대사)의 진실이 밝혀졌습니다.

130년 전 최재우 선생의 동학사상을 연구하여 배달민족의 역사문화와 우리 민족의 문화 정신이 전봉준 녹두장군에게 계승되어 1894년 동학 농민 운동으로 발전되었습니다.

그 당시 전라도와 충청도에서 수백만 명이 동학 농민 운동에 참가하는 민족 운동이 지금의 공주 우금치 고개에서 일본 제국주의의 자들의 총칼에 무참하게 쓰러져 죽었으나, 그 정신만은 이어져서 지금까지 계승하여 30여 년에 걸쳐 연구되어 주역본으로 『환단고기』라고 하는 배달민족의 역사의 진본이 발간되었습니다.

현재 미국, 일본 오사카, 서울, 대전, 부산, 군산 등에서 『환단고기』 북 콘서트로 세상에 우리의 진실된 역사가 고증을 통하여 널리 알려지고 있는 중에 있습니다.

추후 뜻있는 국민과 지식인들 사이에서 회자되면서 급속도로 사대주의와 식민사관의 굴레에서 벗어나고자 노력하고 있는 과정에 있습니다. 배달민족의 진실된 역사가 지금까지 전해 오고 있었다는 사실이 정말 천만다행한 일입니다.

이 진실된 『환단고기』의 역사관이 세계의 역사 학술대회에서 인정받고 세계 역사 적학들이 『환단고기』의 참된 진실을 알고 발견하여 세계 역사의 중심이 되고 핵심이 되길 진심으로 바랍니다.

현재 중국에서 진행하고 있는 소위 동북공정이란 이름하에 한반도 한강 이북이 모두 중국 영토였다는 말도 안 되는 망언을 하고 있으며, 일본 역시 약탈과 거짓과 날조된 일본의 역사에 독도가 자기네 영토라는 역시 말도 안 되는 생떼를 부리고 있는 상황입니다.

이참에 『환단고기』의 역사관을 더욱 바로 세워서 배달민국의 역사를, 다시는 외세에 의해서 휘둘리지 않도록 보전하고 지켜야 할 것으로 생각합니다.

앞으로 우리 민족의 당면 과제인 통일된 배달의 공동체를 건설하기 위해서 다시 한 번 DMZ(비무장지대)를 평화의 생태공원으로 건설하여 경제도 살리고 일자리 창출도 이루고 평화통일에 불씨로 활용될 수 있도록 이 위대하고 엄청난 프로젝트를 앞으로 10년 안에 건설하자고 주장합니다.

2020년 8월

김 영 극